JANE EVANS FAMILY TREE

| Evan Evans 1799-1869 ↔ Ann Roberts 1811-1888 | | | Owen Owens 1814-? ↔ Ann Owens 1818-? | | |

Children of Evan Evans & Ann Roberts:
- Ellis Evans 1844-?
- Anne Evans 1846-?
- Evan Evans 1850-1937

Children of Owen Owens & Ann Owens:
- Jane Owens 1852-1933
- Griffith Owens 1846-?
- William Owens 1848-?

Evan Evans 1850-1937 ↔ Jane Owens 1852-1933

Their children:
- Annie Evans 1876-1934
- Evan Evans 1878-?
- Ethel Evans 1894-1985
- Lillian Evans 1893-?
- Jane Evans 1880-1980
- Owen Evans 1882-1947
- Edith Evans 1884-?
- Herbert Evans 1887-1964

Richard Jones 1878-1946 ↔ Jane Evans 1880-1980

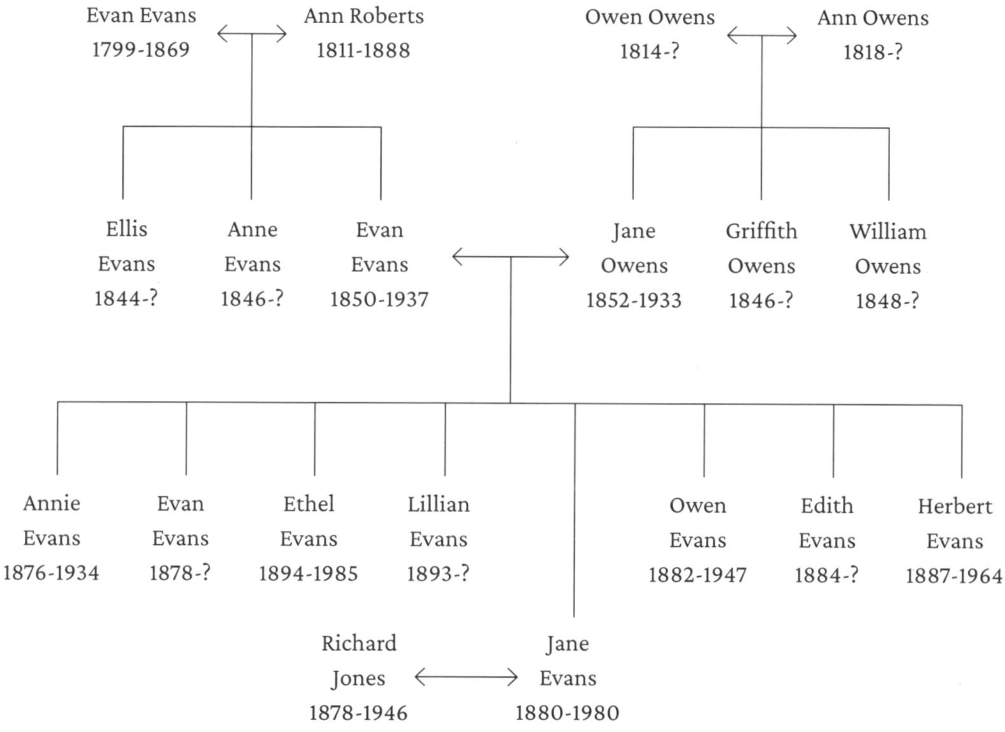

RICHARD & JANE JONES FAMILY TREE

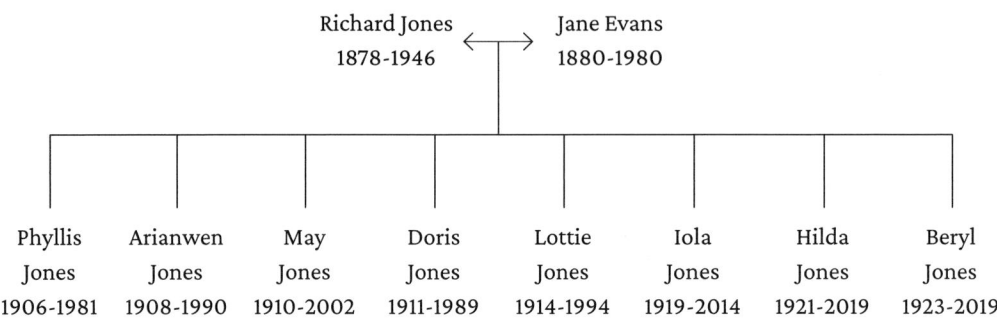

RICHARD JONES FAMILY TREE

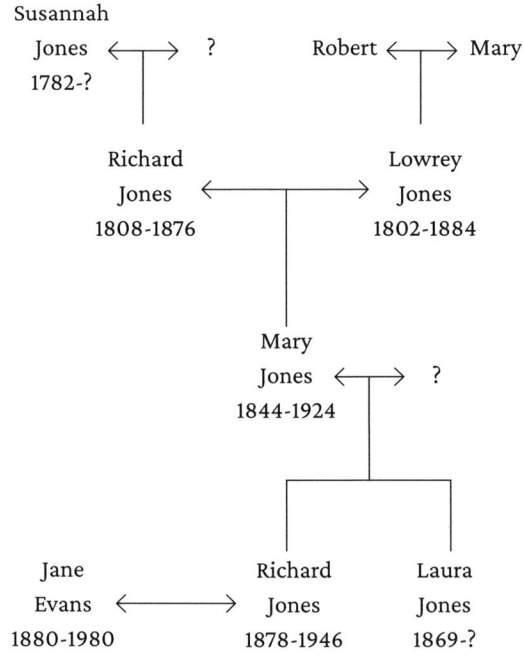

MERCHED SIOP NEWYDD

RICHARD JONES

Tangent Books

Cyhoeddwyd gyntaf 2024 gan Tangent Books,
31 Ystrad Balmain
Bryste BS4 3DB
www.tangentbooks.co.uk
richard@tangentbooks.co.uk

ISBN 9781914345364

Awduron: Richard Jones, Gwylan Williams, Rhian Evans, Robin Evans, Huw Evans, Alan Hollinshead, Margaret Hollinshead

Dylunio: Joe Burt

Cyfieithwyd gan Cymen Cyfyngedig

Hawlfraint: Tangent Books. Cedwir pob hawl

Mae'r awduron wedi datgan eu hawliau o dan Ddeddf Hawlfraint, Dyluniadau a Phatentau 1988 i gael eu hadnabod fel awduron y gwaith hwn. Ni chaniateir atgynhyrchu'r llyfr hwn na'i drosglwyddo mewn unrhyw ffurf na thrwy unrhyw fodd heb ganiatâd ysgrifenedig y cyhoeddwr ymlaen llaw, ac eithrio gan adolygydd sy'n dymuno dyfynnu darnau byr mewn cysylltiad ag adolygiad a ysgrifennwyd mewn papur newydd neu gylchgrawn neu a ddarlledir ar y teledu, radio neu ar y rhyngrwyd.

Mae cofnod CIP o'r llyfr hwn ar gael yn y Llyfrgell Brydeinig a Llyfrgell Genedlaethol Cymru.

Argraphwyd gan Wasg Gomer Cyf, Llandysul, Ceredigion. Argraffwyd ar bapur o ffynhonnell gynaliadwy

Nain (Jane Jones) a Taid (Richard Jones) yn Siop Newydd, Sgwâr Eldon Dolgellau, tua diwedd y 1920au mae'n debyg.

Cysegrwyd y llyfr i Ferched Siop Newydd, i Nain a Taid
ac i'n cefndryd sydd eisoes wedi ymadael a'r byd hwn:
Richard John Roberts, David Hollinshead, Joe Hollinshead a Byron Williams.

ADRAN UN: POBL

Rhagarweiniad — 9

1: Ein Hen Hen Deidiau a Neiniau
- Evan Evans ac Ann Roberts — 10
- Owen Owens ac Ann — 11
- Richard Jones a Lowrey — 11

2: Ein Hen Deidiau a Neiniau
- Evan Evans a Jane Owens — 12
- Mary Jones — 12

3: Ein Taid a'n Nain
- Jane Evans (Nain) — 14
- Richard Jones (Taid) — 14

4: Merched Siop Newydd
- Phyllis — 19
- Nanw — 23
- May — 29
- Doris — 32
- Lottie — 34
- Iola — 37
- Hilda — 45
- Beryl — 52

ADRAN DAU: LLEOEDD

1. Yn y dechrau: Derlwyn a Glan-llyn-y-forwyn — 62
2. Llanfachreth, Islawrcoed, Wrecsam — 66
3. Dolgellau — 71
4. Siop Newydd — 78
5. Plas Canol — 83
6. Ysgol i Ferched Dr Williams — 86
7. Cader Idris — 88
8. Y Bermo, Fairbourne, Llyn Penmaen — 91
9. Atgofion — 94

ADRAN UN:

POBL

Yn y cefn, o'r chwith: Lottie, May, Nanw, Phyllis, Doris. Blaen: Iola, Taid, Nain gyda Beryl, Hilda

Phyllis, Nanw, May, Doris, Lottie, Iola, Hilda, Beryl.

Rhagarweiniad

Dyma hanes ein Nain a'n Taid (Jane a Richard Jones) a'u hwyth merch (ein mamau); Merched y Siop Newydd – Phyllis, Nanw, May, Doris, Lottie, Iola, Hilda a Beryl.

Pan fu farw Beryl ar Orffennaf 23, 2019, yr olaf o'r merched i farw, gadawodd swm bach o arian. Digon i dalu am gynhyrchu'r llyfr hwn.

Cynhyrchwyd y llyfr gan y cefndryd a'r cyfnitherod sydd wedi goroesi – meibion a merched Merched Siop Newydd. Felly pan ddywedwn 'ni' neu 'ein' cyfeiriwn at y cefndryd a'r cyfnitherod hyn: Alan a Margaret (plant Lottie); Rhian, Robin, Dewi a Huw (Iola), Gwylan (Hilda); Richard a Dafydd (Beryl).

Yn y llyfr hwn rydyn ni'n mynd yn ôl cyn belled â'u hen deidiau a neiniau, ein hen hen deidiau a neiniau.

Trowch y dudalen i'w cyfarfod...

Pennod un
Ein Hen Hen Deidiau a Neiniau

Evan Evans yr hynaf (1799-1869) ac Ann Roberts (1811-1888)
Taid Nain o ochr ei thad oedd Evan Evans a aned yn 1799 yn Llanfachreth, ychydig filltiroedd i'r gogledd o dref Dolgellau a phellter tebyg i'r de ddwyrain o bentref y Ganllwyd.

Priododd Evan Evans yr hynaf ag Ann (ganwyd yn 1811, felly roedd Evan 12 mlynedd yn hŷn) yn Llanfachreth, Mawrth 11eg, 1831.

Yn ei hymchwil i hanes y teulu, ysgrifennodd Anti May yr enw Esgairwen, Llanfachreth wrth ymyl enw Ann. Mae bwthyn gwyliau yn Llanfachreth o'r enw Esgair Wen sy'n rhan o ffermdy o'r 16eg ganrif, felly efallai mai dyma lle roedd teulu Ann Roberts yn byw.

Mae cyfrifiad 1851 yn cofnodi bod Evan Evans yr hynaf ac Ann Roberts yn byw ar fferm fynydd Derlwyn yn Llanddwywe-Uwch-Y-Graig, i'r gorllewin o'r Ganllwyd.

Bu Evan farw ar Ionawr 27ain 1869 a bu farw Ann 19 mlynedd yn ddiweddarach ar Hydref 24ain 1888. Claddwyd y ddau ym mhentref y Ganllwyd. Mae'r beddau i'r chwith o'r capel yn yr ail res.

Mae'r arysgrif ar y garreg fedd yn darllen...

Coffadwriaeth am Evan Evans, Derlwyn, yr hwn a fu farw Ionawr 27 1869 yn 70 ml oed

> *Fy Nuw doeth a fy nhad - a'm galwodd*
> *I'm gwely oer difri*
> *Trachefn yn ôl trefn Duw Tri*
> *Caf adeg i'm cyfodi*   (Owen Arran)

Hefyd Ann ei wraig yr hon a fu farw Hydref 24 1888 yn 77 ml oed

> *Un dawel mewn blin dywydd - gariadus*
> *Gywir odiaeth beunydd*
> *A chryfach a ei chrefydd*
> *Wedyn ffoi ar adain ffydd*

Owen Owens (1814-?) ac Ann (1818-?)

Taid Nain o ochr ei mam oedd Owen Owens a aned yn Nolgellau yn 1814. Nid ydym yn gwybod a gafodd ei eni yn y dref neu mewn pentref cyfagos. Priododd Owen ag Ann a hanai o Lanrwst. Nid ydym yn gwybod cyfenw Ann cyn iddi briodi.

Symudodd y teulu Owens o gwmpas. Yng nghyfrifiad 1851 roedden nhw'n byw yn St Anne Street, Penbedw gyda'u meibion Griffith (5) a William (3). Ganed eu merch Jane (mam Nain) ym Mhenbedw yn 1852. Roedd y teulu yn byw yn 6 Bewsey Road, Warrington yn ôl cyfrifiad 1861.

Dengys cyfrifiad 1871 fod Owen Owens yn ffermwr 370 erw yng Nglan-Llyn-y-Forwyn ger Ganllwyd. Roedd Jane (nain Birkenhead) yn byw yng Nglan-Llyn-y-Forwyn yn 18 oed yn 1871.

Yn ôl nodiadau Anti May bu Owen Owens yn gweithio ar adeiladu'r bont reilffordd rhwng Maentwrog a Blaenau Ffestiniog.

Richard Jones (1808-1876) a Lowrey Jones (1802-1884)

Mae'n bwysig sefydlu yn y cyfnod cynnar hwn nad ydym yn gwybod pwy oedd tad Taid. Mae'n ddirgelwch. Mae enw tad chwaer Taid, Laura, hefyd yn ddirgelwch. Efallai mai, ond o bosib nad yr un dyn oedd.

Felly dim ond un set o neiniau a theidiau sydd gennym i Taid. Ar ochr ei fam, y nain a'r taid oedd Richard Jones a Lowrey.

Ganed taid Taid, Richard Jones, llafurwr amaethyddol, yn Llanfachreth yn 1808 a bu farw yno yn 1876, ddwy flynedd cyn geni Taid. Clochydd ydoedd yn Eglwys Sant Machreth, Llanfachreth sydd yn union y tu ôl i'r bwthyn yn 5 Tai Newyddion lle'r oedd y teulu'n byw. Ar adeg ei farwolaeth, roedd yn byw gyda'i wraig Lowrey, ei ferch Mary (mam Taid) a'i merch Laura/Lowrey (chwaer Taid).

Ymddengys fod yr enwau Laura a Lowrey yn gyfnewidiol, ond yn ôl y cofnodion bedydd, enw nain Taid oedd Lowrey.

Yng nghyfrifiad 1851 roedd Richard a Lowrey yn byw yn 5 Tai Newyddion gyda'u merch chwe blwydd oed Mary. Roedd ganddynt hefyd letywr - athro ysgol 28 oed o'r enw Benjamin Jones.

Ni chofnodir galwedigaeth Lowrey, ond mewn cyfrifiad diweddarach rhoddir ei galwedigaeth fel 'cyn was domestig cyffredinol'. Rydyn ni'n meddwl ei bod hi hefyd yn wniadwraig/gwneuthurwr dillad. Mae rhai o'r teulu hefyd yn cofio bod y merched oedd yn aelodau o deulu Taid yn feddygon llysiau.

Pennod 2
Ein Hen Deidiau a Neiniau

Evan Evans (1850-1937) a Jane Owens (1852-1933)
Rhieni Nain oedd Evan Evans (mab Evan Evans ac Ann) a Jane (merch Owen Owens ac Ann).

Cyfarfu Evan a Jane pan oeddent yn byw ar ffermydd cyfagos o'r enw Derlwyn a Glan-llyn-y-forwyn ym mhlwyf Llanddwywe-Uwch-Y-Graig yn y bryniau uwchben Ganllwyd. Fe wnaethant symud i 1 Islawrcoed ym mhentref Trawsfynydd, lle ganwyd eu merch Jane (ein Nain) yn 1880.

Y cartref nesaf oedd 7 Teras Arenig yn y Bala (cyfrifiad 1891) ac ym 1895 symudodd y teulu i 2 Stryd Albert yn Wrecsam.

Bu Jane farw yn Siop Newydd, Dolgellau yn 1933. Cwympodd a thorrodd ei chlun wrth ymweld neu aros yn Siop Newydd. Roedd hi'n gaeth i'w chartref ac yn byw yn yr ystafell i fyny'r grisiau yn Siop Newydd hyd ei marwolaeth yn 1933. Mae rhai o ferched Siop Newydd yn cofio mynd â grawnwin ac eistedd gyda hi. Roedd hi'n mwynhau ei man gwylio, yn edrych dros brysurdeb y mynd a'r dod yn y Sgwâr.

Mae Beryl yn cofio bod ganddi hoff gân a oeddynt yn canu gyda'i gilydd – 'Oh Dear What Can The Matter Be (Johnny's So Long At The Fair)'.

Bu farw gŵr Jane, Evan Evans, hefyd yn Siop Newydd. Bu farw yn 1937, yn 87 oed.

Mary Jones (1844-1924)
Mam Taid oedd Mary Jones (merch Richard a Lowrey). Ni wyddom pwy oedd tad Taid. Cafodd Mary ei henwi ar ôl ei nain. Enwyd Taid (Richard Jones) ar ôl ei daid ac enwyd Laura (ei chwaer) ar ôl ei nain Lowrey/Laura.

Ganed Mary Jones yn Llanfachreth yn 1884 a bu farw yn Nolgellau yn 1924, felly dim ond merched hŷn Siop Newydd fyddai'n ei chofio. Roedd y teulu yn byw yn 5 Tai Newyddion, ond yn dilyn marwolaeth ei thad symudodd Mary, ei mam Lowrey a'i merch Laura i Ddolgellau lle ganwyd Taid (Richard Jones).

Yn ôl cyfrifiad 1881, roedd y teulu yn byw yn Upperfield Street, Dolgellau. Roedd yr aelwyd yn cynnwys Lowrey (nain Taid, 79), Mary (mam Taid, 35), Laura (chwaer Taid, 12) a Taid yn 2 oed. Rhoddir galwedigaeth Lowrey fel cyn was domestig cyffredinol. Mae Mary yn was domestig cyffredinol.

Evan Evans a Jane Evans (canol) gyda (o'r chwith) Taid (Richard Jones), Nain (Jane Jones), Anti Floss, Dennis (cefnder), Yncl Herbert (brawd Nain), Yncl Frank (yn briod â chwaer Nain, Lil), Anti Annie (chwaer Nain), Glenys (cyfnither), Anti Nell, Yncl Peter (yn briod ag Anti Annie). Blaen: Anti Ethel (chwaer Nain), Gwyneth (cyfnither), Nora (cyfnither, chwaer Gwyneth). Mae Anti Lil ar y dde. Dydyn ni ddim yn siŵr am y plant eraill, ond mae'r un ar y dde bellaf yn edrych fel Beryl neu Hilda.

Evan Evans ac Jane Evans.

Mam Taid, Mary Jones.

Pennod 3

Nain a Taid

Jane Evans (1880-1980) ac Richard Jones (1878-1946)

Ni all yr un o'r cefndryd a'r cyfnitherod gofio Taid. Bu farw Richard Jones o drawiad ar y galon yn Nolgellau yn 1946 yn 67 oed. Roedd Alan Hollinshead yn chwech ar y pryd a Rhian Evans yn bedair. Mae gan Alan atgof annelwig iawn o gael ei ddangos sut i stripio darn o ddodrefn, ond mae'n meddwl mai Nain yn hytrach na Taid oedd gydag ef.

Felly, er bod Richard Jones wedi chwarae rhan fawr iawn yn ein bywydau, ychydig a wyddom amdano fel person.

Yr hyn yr ydym yn ei wybod am Taid yw'r canlynol...

- Cafodd ei eni yn 1878 yn Nolgellau pan oedd y teulu yn byw yn Stryd Upperfield (rhif 19, rydyn ni'n meddwl).
- Ni fu erioed yn byw mwy na 100 llath i ffwrdd o'i fan geni.
- Ef oedd yr unig ddyn yn nheulu Siop Newydd o naw o ferched.
- Roedd yn ddyn tân gwirfoddol, yn athro Ysgol Sul, yn ddiacon ac yn drysorydd yng Nghapel Jwda.
- Roedd yn cynnal busnes paentio ac addurno ac yn cyflogi o leiaf ddau ddyn arall.

Yn ôl cyfrifiad 1881 roedd Richard Jones, dwyflwydd oed, yn byw yn Stryd Upperfield, Dolgellau gyda'i nain (Lowrey/Laura Jones), ei fam (Mary Jones, 35) a'i chwaer (Lowrey/Laura, 12).

Cilgant o fythynnod oddi ar Stryd Springfield yw Stryd Upperfield tua 50 llath o Blas Canol. Mae Siop Newydd a Victoria House, lle bu Taid hefyd yn byw, ychydig ymhellach ymlaen.

Roedd yn berchen ar un o'r ceir cyntaf yn Nolgellau ac roedd, mae'n debyg, yn aelod uchel ei barch o'r gymuned, yn rhedeg busnes llwyddiannus o safle amlwg yn Sgwâr Eldon, a chyda'i gysylltiadau â'r capel a'r frigâd dân. Roedd y merched bob amser yn ei ddisgrifio fel dyn tawel a charedig.

Roedd ei farwolaeth sydyn yn sioc ofnadwy i'r teulu.

Mater gwahanol yw Nain (Jane Jones). Mae gan y cefndryd a'r cyfnitherod i gyd atgofion cryf iawn ohoni. Mae'r rhai hŷn yn ei chofio fel dynes gref, garedig, weithgar gyda synnwyr digrifwch da.

Nid yw'r rhai iau (Richard a Dafydd) ond yn ei chofio ar ôl iddi golli ei golwg a dod yn fwyfwy bregus.

Dydyn ni ddim yn gwybod sut y cyfarfu Nain a Taid, ond gwyddom eu bod wedi priodi ar Dachwedd 18fed, 1905 yng Nghapel Jwda a'u bod wedi sefydlu busnes yn Sgwâr Eldon – Siop Newydd, storfa beintio ac addurno/caledwedd rhwng 1921 a 1923.

Taid a Nain.

Taid a Nain. Roedd y merched wedi rhoi'r llun mewn ffrâm arian i Nain.

Taid (chwith) gydag un o'i weithwyr (Hughie?) yn ei fusnes paentio ac addurno.

Hilda gyda Nain yn Plas Canol.

Roedd Taid (ar y dde eithaf) yn wirfoddolwr gyda brigâd dân Dolgellau.

Roedd Nain a Taid ill dau yn llwyrymwrthodwyr ac yn hynod grefyddol. Daethom o hyd i fwy na 40 o feiblau pan gliriwyd Plas Canol ar ôl i Anti May farw yn 2002.

Dydi hi ddim yn glir sut cododd Nain a Taid yr arian i brynu Siop Newydd. Roeddent o gefndiroedd dosbarth gweithiol heb unrhyw etifeddiaeth.

Fodd bynnag, mae Gwylan yn cofio Anti Hilda yn dweud bod 'Nain wedi anfon Taid i'r banc i ddarganfod sut oedd eu cyfranddaliadau Goodlass Walls yn gwneud, a'u bod yn gwneud mor dda nes iddynt brynu Siop Newydd.'

Gwneuthurwr paent o Lerpwl oedd Goodlass Walls a sefydlwyd ym 1845. Ym 1919, cyhoeddwyd y cwmni ar y gyfnewidfa stoc ac o fewn blwyddyn roedd busnes wedi cynyddu mwy na 100 y cant, yn ôl *Grace's Guide to British Industrial History*.

Siop Newydd oedd cartref y teulu nes i Nain symud yn ôl i Blas Canol, yn ôl pob tebyg pan roddodd y gorau i'r siop a'i rhentu i Manweb (Bwrdd Trydan Gogledd Cymru).

Ganed Nain, Jane Evans ar Ionawr 21, 1880 yn 1 Islawrcoed ym mhentref Trawsfynydd, yn drydydd plentyn i Evan a Jane Evans (Owens gynt). Roedd ei chwaer Anne yn bedair a'i brawd, Evan (Evie) yn dair. Rhoddir galwedigaeth ei thad fel saer maen yng Nghyfrifiad 1881. Ym 1882, agorodd Great Western Railway orsaf yn Nhrawsfynydd ar y lein rhwng Bala a Blaenau Ffestiniog. Byddai llawer o ddynion y pentref wedi cael eu cyflogi yn y chwareli llechi o gwmpas. Roedd yr orsaf-feistr hefyd yn rhedeg yr Ysgol Sul y bu Nain yn ei mynychu.

Yng Nghyfrifiad 1891, roedd y teulu'n byw yn 7 Teras Arenig yn y Bala a rhestrir galwedigaeth Evan fel asiant yswiriant. Erbyn hyn roedd Nain yn 11 oed ac roedd y teulu yn cynnwys Evan a Jane (rhieni), Evan (13), Jane (11), Owen (8) a Herbert (3). Roedd Anne wedi gadael cartref.

Ym mis Chwefror 1895, roedden nhw wedi symud eto, y tro hwn i 2 Albert Street yn Wrecsam. Mae'n rhaid bod Nain wedi gadael cartref y teulu erbyn hyn oherwydd nid yw ar y rhestr. Roedd y teulu yn Albert Street yn cynnwys Evan a Jane, Owen (18), Herbert (10), Lillian (8) ac Ethel (6). Roedd mam 81 oed Jane, sef Ann, hefyd yn byw gyda nhw yn Wrecsam. Rhestrir galwedigaeth Evan fel waliwr/saer maen.

Roedd y teulu yn dal i fyw yn Albert Street yn ôl Cyfrifiad 1911. Roedd Ann (nain Nain) wedi marw a'r deiliaid oedd Evan a Jane, Owen (28, peiriannydd nwy cynorthwyol), Lillian (18, teiliwr) ac Ethel (16, cynorthwyydd siop ddillad). Rhoddir galwedigaeth Evan fel asiant yswiriant.

Rhestrir Nain fel gwas domestig yn Wrecsam yng Nghyfrifiad 1901. Ym 1911 cawn hi yn Nolgellau gyda'i gŵr Richard a'u plant Phyllis (4), Arianwen (3) a May (baban). Eu cyfeiriad yw Plas Canol, nid Siop Newydd. Buont hefyd yn byw yn Victoria House cyn symud i Siop Newydd.

Daw'r canlynol o adroddiad papur newydd am Nain yn 1952.

"Pan ymddeolodd Mrs Jones yn 72 oed, collodd y rhan fwyaf o'i golwg dros nos. Roedd hi'n gallu ysgrifennu gydag ymdrech ac anhawster, ac fe wnaeth hi ddysgu adnodau gyda chymorth ffrindiau, a oedd hefyd yn darllen iddi.

"Yna dechreuodd ddysgu Braille – roedd hi'n 'troi'r rhubanau o ddotiau yn llythrennau'.

Erbyn iddi gyrraedd 85 oed, roedd hi wedi darllen Ioan, Eseia, Actau, Mathew a Marc. Dywedodd, drwy ddarllen yn araf, ei bod hi wedi deall popeth yn well. Ar ôl iddi ddysgu'r wyddor Braille, roedd hi'n gallu darllen yn gymharol gyflym oherwydd ei bod hi mor gyfarwydd â'r deunydd. Pan sefydlwyd llyfrau llafar y 'Talking Books', roedd ganddi fynediad at 'ddeunydd ddarllen' arall.

"*Roedd hi wedi bod yn mynd i'r Ysgol Sul ers roedd hi'n bedair oed yn Nhrawsfynydd lle cafodd ei geni, yn Wrecsam hefyd, ac yn Nolgellau. Ei Hysgol Sul gyntaf oedd yr un a sefydlwyd gan orsaf-feistr Trawsfynydd pan agorwyd y rheilffordd.*

"*Mae hi wedi annog ei chwaer Mrs Pierce Evans yn Wrecsam i ddysgu Braille. Cafodd Mrs Evans ei tharo gan garreg fel plentyn ac roedd yn ddall cyn iddi gyrraedd ei 18 oed. Mae hi'n llwyddo i wneud popeth o gwmpas y tŷ yn dda iawn ond doedd hi erioed wedi rhoi cynnig ar ddefnyddio Braille.*

"*Ond yn awr - yn 70 oed, mae Mrs Evans yn dilyn esiampl ei chwaer*".

Pennod 4

Merched Siop Newydd

- **Anti Phil** (Phyllis, 1906-1981) Priododd Arthur Rowley. Dim plant.
- **Anti Nanw** (Arianwen, 1908-1990) Priododd John Roberts. Plant: Richard John Roberts (1946-1947).
- **Anti May** (May, 1910-2002)) Heb briodi.
- **Anti Doris** (Doris, 1911-1989) Priododd Arthur Thomas. Llysblant: Gwyn ac Anne.
- **Anti Lottie** (Lottie, 1914-1994) Priododd Joseph Hollinshead. Plant: Alan, David, Joseph (1943-1991), Margaret.
- **Anti Iola** (Iola, 1919-2014). Priododd Glyn Evans. Plant: Rhian, Robin, Dewi, Huw.
- **Anti Hilda** (Hilda, 1921-2019). Priododd Mihangel Williams. Plant: Byron (1949-2008), Gwylan.
- **Anti Beryl** (Beryl, 1923-2019). Priododd Walford Jones. Plant: Richard, Dafydd.

Dyna'r cyfan sydd angen i chi ei wybod am y tro. Trowch y dudalen i deithio'n ôl mewn amser…

Phyllis

Geni: 1906, Plas Canol, Dolgellau
Marw: 1981, Eckington, Swydd Gaerwrangon
Priodi: William Arthur Rowley
Plant: Dim

Atgofion Rhian...

Yr hynaf a'r geinaf o'r merched. Wn i ddim am ei bywyd cyn hanesion teithiau cwch ar y Norfolk Broads, gyda William Arthur Rowley yn 'Gapten', ynghyd â'i 'gap'. O ble y daeth o, a sut wnaethon nhw gwrdd? Beth oedd ei swydd bryd hynny? Ac a wnaeth Phyllis erioed hyfforddi ar gyfer unrhyw fath o waith? Dwi'n cymryd bod y cychod wedi'u llogi yn hytrach na'r un cwch bob amser. Sawl taith oedd yna? Mae yna rai lluniau. Roedd y teithiau yn boblogaidd iawn, a bu llawer o fwynhad a siarad amdanynt yn eu sgil.

Yr amser cynharaf dwi'n ei gofio ydi pan oedden nhw'n byw yn y Groeslon ac Arthur yn blismon lleol. Fy nghof ohono oedd ei fod yn dipyn am ddangos ei hun – roeddwn yn y car gydag o un noson dywyll, ac yn sydyn roedd yn gwyro a sgrialu ar ôl bachgen ar gefn beic oherwydd nad oedd ganddo oleuadau. Saethodd y bachgen i lawr llwybr ochr cul, felly dihangodd.

Roedden nhw wedi prynu tyddyn wedi mynd â'i ben iddo. Roedd Arthur yn ei ddangos i mi pan ddechreuodd gyffroi'n lan – cododd lond llaw o bridd sych a dweud 'Potash pur, potash pur!' Roedd ganddo syniadau mawr ond dim digon o amser i gyflawni pob un ohonyn nhw. Roedd yna fath agored o seston yno – a allai fod yn 'bwll nofio', meddai. Roedd yn nofiwr brwd, o leiaf, pan oedd yn iau. Roedd y seston yn llawn madfallod hyfryd – y cyntaf i mi ei weld erioed.

Roedd Phyllis yn gweithio'n galed, yn sicr gyda'r holl waith tŷ, ac roedd yn gogydd da. Roedd hi bob amser yn gweithio ar rywbeth. Roedd hi'n nodwyddwraig fedrus iawn - yn enwedig mewn brodwaith, tatio a chlytwaith. Fe greodd hi wisg fedydd i mi fel babi – wedi'i gwneud o ddeunydd adeg y rhyfel, gyda smocwaith hardd – sydd gen i o hyd. Roedd hi'n gwneud tatio hefyd a oedd yn hynod ddiddorol, yn enwedig oherwydd ei fod mor fân a chywrain. Oedd hi'n perthyn i rai grwpiau merched – SyM? Rwy'n eithaf sicr y byddai.

Roedd Arthur yn hoff iawn o griced ac yn perthyn i'r clwb criced lleol yn y Groeslon, ac Eckington yn ddiweddarach. Roedd Phyllis bob amser yn rhan o'r 'ladies support' yn darparu ac yn gweini'r te. Roedd hi'n dod ymlaen yn dda gyda phawb a dwi'n meddwl ei bod hi wir yn mwynhau bod mewn grŵp gyda merched eraill. Roedd hi'n cefnogi holl weithgareddau a chlybiau Arthur.

Pan ymddeolodd Arthur fe wnaethon nhw symud i Woodmancote, ac yn ddiweddarach Gotherington yn Swydd Gaerloyw. Roedd gan Arthur gwch ar yr Hafren ger Tewkesbury, ond dwi'n meddwl mai anaml y byddai'n cael ei ddefnyddio. Pan oeddwn yn gwneud fy hyfforddiant athrawon yn Cheltenham (1960-63) fe wnes i feicio sawl gwaith i ymweld â nhw. Roedden nhw wedi sefydlu siop groser yn y pentref – roedd Phyllis yn gwasanaethu ynddi bron yn llawn amser dwi'n meddwl. Ni welais i Phyllis rhyw lawer ar ôl 1963, ond nid oedd yn iach yn ei blynyddoedd diweddarach. Wn i ddim o beth oedd hi'n dioddef, ond doedd hi ddim yn gallu mynd o gwmpas yn hawdd.

Roeddent yn gymharol gefnog a bu farw Arthur o'i blaen. Yn ei ewyllys gadawodd swm bach i'r chwiorydd - ond dim i Hilda nac Iola, a oedd ill dwy wedi priodi clerigwyr. Wn i ddim beth oedd y rheswm am hynny, ond roedd yn ymwneud â nhw yn priodi clerigwyr.

Gadawodd bron bopeth i ddynes yn Ne Affrica, a gafodd siars i ddod i Brydain i ofalu am Phyllis. Ond bu farw Phyllis tua chwe wythnos yn ddiweddarach, cyn i'r ddynes gyrraedd. Roedd ewyllys Phyllis fwy neu lai yr un peth ag ewyllys Arthur.

Llwyddodd y chwiorydd eraill i achub rhai carpedi i Hilda ac Iola. A dweud y gwir, fy nghof i am Phyllis ydi ei bod yn berson hyfryd oedd â gŵr braidd yn awdurdodus.

Atgofion Richard …

Mi welsom gryn dipyn o Phil ac Arthur pan oeddwn i a Dafydd yn tyfu i fyny yn Banbury a Bryste. Fy atgof cyntaf o ymweld â nhw ydi pan oedd ganddyn nhw siop yn Bishops Cleve. Dwi'n meddwl bod Gwen, chwaer Arthur, yn gweithio yno ac efallai'n byw gyda nhw.

Yna mi symudon nhw i Gotherington, ac yn y pen draw i 'Tŷ Ni', byngalo gyda gerddi braf yn New Road, Eckington ger Pershore.

Roedd Anti Phil yn hyfryd. Roedd hi'n berson hynod gynnes a oedd fel pe bai'n cael pleser o bopeth a wnai, er ei bod yn eithaf bregus. Mae gennym un o'i phaentiadau o gacti ar sil ffenest lydan yn Siop Newydd. Roedd hi'n amlwg yn artist a chrefftwraig dalentog.

Fy nghof i ydi iddi gwrdd ag Arthur pan oedd yn blismon yng Ngogledd Cymru yn ardal Porthmadog. Mi symudon nhw i ardal Evesham pan gymerodd Arthur swydd mewn diogelwch yn GCHQ. Roedd Arthur yn ffotograffydd brwd a chofiaf hefyd fod ganddo gar gyda'r plât rhif personol WAR 1 (William Arthur Rowley 1).

Rhaid i mi gyfaddef, roeddwn i'n cael Wncwl Arthur braidd yn rhwysgfawr, a byddaf bob amser yn cofio pan ymwelon ni ag Eckington ac yntau'n cyhoeddi'n falch ei fod wedi prynu peiriant golchi llestri. Mae'n rhaid ei fod yn un o'r rhai cyntaf, ac roedd yr un maint â phopty. Roedd wedi'i osod ar ben bwrdd yn yr ystafell wydr. Rhoddodd Arthur rai platiau i mewn ac ysgydwodd y cyfan a gwneud sŵn ofnadwy, gan anfon cymylau o stêm drwy'r ystafell wydr. Roedd Arthur yn falch iawn o'r peiriant, ond roedd y perfformiad cyfan yn ddoniol iawn yn ein tyb ni.

Roedd yn sioc ofnadwy pan fu farw ychydig wythnosau cyn i Anti Phil farw. Ei ewyllys o a gafodd y flaenoriaeth oherwydd iddynt farw mor agos at ei gilydd, a gadawodd bopeth i ddynes o Dde Affrica.

Atgofion Maggie ac Alan...

Maggie: Pan oedden ni'n tyfu i fyny yn Rochdale, mi fydden ni'n cael ein hanfon i aros gyda'r chwiorydd yn ystod y gwyliau, oherwydd roedd mam (Lottie) yn gweithio'n aml. Y rhan fwyaf o wyliau ysgol, byddwn i'n treulio amser yng nghartref Phil ac Arthur. Byddwn yn cael fy rhoi ar y trên pan oeddwn tua wyth neu naw oed, eistedd ar focs yn fan y gard, a rhywsut byddwn yn llwyddo i gyrraedd Phil ac Arthur oedd â fferm foch yn y Groeslon ger maes awyr Caernarfon.

Roedden nhw hefyd yn arfer bridio twrcïod a dw i'n cofio adeg y Nadolig y byddwn i'n helpu i'w pluo nhw.

Roedd ganddyn nhw ferlen i mi yno. Dwi'n cofio bod gan Phil ac Arthur bob amser gŵn tarw, ac unwaith roedd parêd drwy'r pentref a minnau wedi fy ngwisgo fel John Bull ac yn reidio ar fy merlen gyda'r ci tarw.

Roedd Anti Phyllis yn arfer gweithio'n galed iawn. Mi adeiladon nhw laethdy a chael gwartheg Jersey – mi ddysgais sut i odro'r gwartheg – roedd y llaeth yn hyfryd. Cawsom agoriad swyddogol o'r llaethdy, a finnau a Phil yn gwisgo lampshades ar ein pennau.

Roeddwn i'n arfer mynd gyda nhw i Sioe Frenhinol Caernarfon. Roedd gen i got wen ac roeddwn i'n cael cerdded y gwartheg a'r moch o gwmpas. Enillodd Arthur wobr neu ddwy am ei anifeiliaid, yn enwedig am ei foch.

Oherwydd bod Arthur yn dal yn blismon pan oedd y fferm ganddyn nhw, roedd Phil yn aml ar ei phen ei hun, felly mi ddes i ac Anti Phil yn agos iawn.

Pan benderfynais i a Bob ymfudo i Awstralia, doedd Arthur ddim yn hapus o gwbl. Dim ond am ychydig o flynyddoedd ar ôl hynny yr arhoson ni mewn cysylltiad.

Alan: Cefais fy nadrithio o fod eisiau reidio ceffyl ar y fferm yna, oherwydd roedd gan Yncl Arthur yr hyn yr oedd o'n ei honni oedd yn geffyl rasio ifanc. Fe wnaethon nhw fy rhoi ar ei gefn, a rhedodd yn syth i lawr y cae a fy nhaflu fi dros y ffens.

Maggie: Roeddwn i'n arfer mynd i helpu Phil yn y siop yn Swydd Gaerloyw. Roedd yn siop wledig, yn siop hyfryd iawn. Yna dechreuodd Bob ddod i lawr hefyd. Dwi'n cofio i Bob beintio'r tŷ un tro. Roedd Arthur bron wedi ymddeol erbyn hyn a chofiaf iddo adeiladu set trên yn ei atig.

Nanw

Chwith: Nanw ar ddiwrnod ei phriodas ym 1945.
Uchod: Gyda'i mab Richard John a fu farw'n 18 mis oed ym 1947.

Geni: 1908, Plas Canol, Dolgellau
Marw: 1990, Llanfrothen, Gwynedd
Priodi: John Roberts
Plant: Richard John Roberts

Atgofion Rhian…

Bydd gan bawb atgofion am Nanw (Arianwen), nid yn unig oherwydd ei phersonoliaeth hyfryd, ond hefyd oherwydd lle y treuliodd ei bywyd priodasol – ar un o ffermydd defaid uchaf Cymru, Penrallt, uwchben Croesor. Roedd yn fferm denant yn perthyn i Clough Williams-Ellis. Dwi'n meddwl ei bod hi'n debygol bod yr holl gefndryd a'r cyfnitherod wedi treulio gwyliau yno rywbryd neu'i gilydd.

Hyfforddodd Nanw fel nyrs a daeth yn Ymwelydd Iechyd o gwmpas Penrhyndeudraeth. Cyfarfu a phriodod â John Roberts, ffermwr defaid. Roedd y fferm yn elfennol a dweud y lleiaf – lloriau llechi, toiled gollwng o'r iawn ryw y tu allan, dim trydan, nwy na ffôn. System signal oedd y 'ffôn' – hongian eitemau amrywiol ar y lein ddillad a oedd yn cael eu gweld a'u 'darllen' i lawr yng Nghroesor ymhell islaw. Peipen o nant oedd yn cyflenwi dŵr, a gyflwynai lawer o eitemau annisgwyl, fel darnau o benbyliaid.

Roedd ganddyn nhw hen gar, ond roedd wedi'i barcio mewn sied islaw rhan serth o'r 'ffordd', a rhan olaf y fynedfa oedd y daith gerdded yn syth i fyny cae serth lle'r oedd Jumbo'r ceffyl yn byw. Ef oedd y 'tractor' ac roedd yn enfawr yn ein golwg ni'r plant.

Roedden ni (plant Iola) fel arfer yn mynd yno adeg y Pasg, felly mi fydden ni'n mynd gydag Yncl John a'r cŵn yn y bore o amgylch yr holl ddefaid i chwilio am ŵyn newydd, fyddai'n cael eu gwirio a'u chwistrellu, yna eu marcio. Roedd yna ŵyn amddifad bob amser ac roedden ni wrth ein bodd yn gallu eu bwydo â photel.

Weithiau byddai'n rhaid symud y defaid, felly byddem yn mynd gyda'r cŵn o gwmpas y caeau, neu'n achlysurol ar hyd y ffyrdd. Roedd yna ieir wrth gwrs, ac o leiaf un fuwch, felly roedd llaeth bob dydd, i'w yfed a hefyd i wneud menyn. Gwnaed hwnnw drwy gorddi â llaw – gwaith caled. Roedden ni'n arfer derbyn menyn wedi'i anfon ar gyfer y Nadolig gan Nanw.

Roedd Yncl John yn un heb ei ail gyda chŵn defaid. Roedd ganddo ddau, weithiau dri, a Mog a Fflei fyddai'r enwau bob amser. Gwnaeth yn dda mewn treialon cŵn defaid a chafodd sylw gyda'i gŵn mewn hysbyseb genedlaethol ar y teledu. Byddai'n mynd i'r ocsiynau ym Mhorthmadog wedi'i wisgo'n drwsiadus yn ei siwt, gaiters lledr sgleiniog a het. Roedd yn adnabod pawb. Os oedd Nanw gydag o, ai hi i'r Neuadd lle'r oedd y merched gyda photiau o de, bara brith a chacennau cri.

Yn ddiamau roedd yn fywyd caled iawn, ond roeddem wrth ein bodd yn bod yno. Roedd rhyddid hyfryd i grwydro a rhedeg yn wyllt, i chwarae yn y nant ac i geisio dringo Moelwyn Mawr. Roedd yna gymeriadau. Roedd Bob Owen yn un, yn ysgolhaig adnabyddus a drigai mewn ty teras yng Nghroesor, wedi ei stwffio gyda llyfrau a phapurau, hyd yn oed mewn pentyrrau ar ymylon y grisiau. Wedyn roedd yna deulu Seisnig, John Jones a'i wraig yn y fferm nesaf (Foty; Hafodty yn wreiddiol dwi'n dyfalu). Roedd y ddau riant yn feddygon ond wedi penderfynu encilio a dewis bywyd sylfaenol iawn iddyn nhw a'u plant.

Roedd yna hefyd y cerddwyr a oeddent yn sylwi ar y 'Teas' wedi'i baentio â llaw ar lechen ar y giât wrth ymyl y trac. Roedd Nanw'n mwynhau gwneud cacennau a sgons ar eu cyfer ac yn mwynhau eu cwmni. Roedd rhai yn dychwelyd yn gyson ac yn aros am wely a brecwast.

Roedd Nanw yn garedig iawn, â'i thraed ar y ddaear ac yn wydn. Roedd hi'n ddyfeisgar - roedd yn rhaid iddi fod, ond roedd hi'n ymddangos i mi ei bod yn cymryd pleser ynddo. Roedd hi'n mwynhau gwau ac yn defnyddio gwlân Cymreig hen ffasiwn iawn. Dwi'n meddwl bod 'na rygiau brethyn hefyd.

Roedd John yn ysu eisiau mab i barhau gyda'r fferm. Yn y diwedd, mi gawsant fab, Richard John, ond yn dorcalonnus bu farw pan oedd yn 11 mis oed o salwch y gellid bod wedi ei wella pe na bai'r meddyg wedi gwrthod ei weld.

Roedd Nanw a John yn ddiymgeledd, ac mae'n rhaid bod bywyd wedi bod yn arbennig o galed ar ôl hynny.

Bu farw John o ganser yn y pen draw. Ni allai Nanw redeg y fferm ar ei phen ei hun, felly bu'n rhaid gwerthu'r holl ddefaid a bu'n rhaid iddi adael. Llwyddodd i gael byngalo yn Llanfrothen wrth ymyl Penrhyndeudraeth, ar ben draw'r stryd. Cyfaddefodd gyda gwên ar un ymweliad y gallai ddianc allan i'r bryn trwy giât gefn ei gardd heb i neb ei gweld, gan drampio allan a chrwydro ar ei phen ei hun a chael modd i fyw.

Bu achlysur ym Mhenrhyn pan barciodd ar safle Dim Parcio y tu allan i'w meddygfa oherwydd bod pry wedi hedfan i'w chlust. Cafodd ffrae gyda'r heddwas a ysgrifennai docyn a dweud wrtho "Roedd gen i bry yn fy nghlust!', ond nid oedd troi arno, felly roedd yn rhaid iddi dalu'r ddirwy.

Bu farw o ganser yn 1990.

Atgofion Richard...

Hyfforddodd Nanw fel nyrs ac aeth i goleg ym Mhenbedw, er bod llun ohoni yn ei gwisg nyrs o stiwdio yn Burnley, felly efallai iddi astudio yno hefyd. Roedd yn gyfnod anhapus oherwydd bod un o'r metronau yn ei bwlio oherwydd ei bod yn Gymraes. Dywedodd Beryl fod yn rhaid i Nanw adael oherwydd iddi gael ei thrin mor wael, felly nid yw'n glir ble y cwblhaodd ei hyfforddiant.

Bu'n gweithio fel ymwelydd iechyd a bydwraig o amgylch Penrhyndeudraeth. Dywedwyd iddi nyrsio Megan Lloyd George (merch David Lloyd George ac AS yn ei rhinwedd ei hun) tua diwedd oes Megan.

Dywedodd Beryl fod babi Nanw a John, Richard, wedi marw o lid yr ymennydd. Dywedodd fod Nanw wedi dweud wrthi ei bod wedi anfon John i'r pentref deirgwaith trwy'r eira i alw'r meddyg oherwydd ei bod yn gwybod bod y babi yn ddifrifol wael.

Daeth John yn ôl heb y meddyg, a wrthododd ddod i fyny'r mynydd. Pan ddaeth yn y diwedd, roedd hi'n rhy hwyr ac roedd y babi wedi marw. Roedd Beryl hefyd yn cofio ei bod yn teimlo bod John wedi beio Nanw yn rhannol am y farwolaeth.

Yn sicr roedd John bob amser yn fy nharo i fel dyn ystyfnig, hoff o'i gwmni ei hun. Dwi'n ei gofio yn eistedd o flaen y tân, yn ysmygu ei bibell ac yn syllu i'r fflamau. Roedd yn Fedyddiwr llym a dwi'n ei gofio wedi ypsetio pan ymwelon ni unwaith gyda Nain ac Anti May, ac yn dweud wrth May ei fod wedi clywed Diacon yn rhegi.

Roedd yn cerdded y mynyddoedd bron bob dydd, yn aml dim ond y fo a'i gŵn, felly mae'n rhaid ei fod wedi cael digon o amser ar ei ben ei hun i hel meddyliau. Aeth â fi i bysgota unwaith. Roedd hynny'n syndod mawr oherwydd anaml y byddai'n talu llawer o sylw i ni blant, tra bod Nanw yn dotio arnom ni i gyd.

Mi dreulion ni awr neu ddwy yn bwrw lein i'r nant ar waelod y cae gan obeithio bachu brithyll gyda'i hen wialen bambŵ. Ni welsom frithyll heb sôn am ddal un, ond byddaf bob amser yn cofio'r prynhawn hapus hwnnw gydag Yncl John. Pan oedden ni'n gadael, mi roddodd y wialen bysgota i mi.

Ar ymweliad arall, caeodd y tywydd felly roedd rhaid aros y noson. Dwi'n cofio bod yr ystafell y bum yn cysgu ynddi yng nghefn y tŷ fel pe bai wedi'i thorri i ochr y mynydd.

Unwaith, cofiaf gnoc ar y drws a chynnwrf yn hwyr yn y prynhawn. Cerddwr oedd yna - yr oedd ei ffrind wedi syrthio ar y mynydd a thorri ei goes. Cychwynnodd John a 'nhad i fyny'r mynydd a daethant â›r dyn i lawr. Mi ddywedwyd wrthyf fod hofrennydd wedi gorfod glanio ar waelod y cae i fynd â'r cerddwr i'r ysbyty.

Gwerthai Nanw sgons a the i gerddwyr, ac mae yna lyfr gwesteion o 1952-1970 lle mae pobl hefyd yn cyfeirio at aros ar wyliau am wythnos neu fwy ym Mhenrallt. Mae rhai o'r cofnodion yn cynnwys lluniau plant gyda phebyll ynddynt, felly efallai bod pobl yn gwersylla yn y cae. Ni allaf ddychmygu lle gallent fod wedi aros dan do.

Dywedodd Beryl mai un o'r ymwelwyr cyson oedd y Valerie Singleton ifanc (cyflwynydd Blue Peter). Mae cofnod yn y llyfr gwadd 'from Valerie' ac un ar wahân i The Singletons, ond pwy a ŵyr ai *y* Valerie Singleton ydi hi.

Roedd yr athronydd Bertrand Russell yn ffrind i Clough Williams-Ellis, ac mae'n debyg ei fod yn aros yn achlysurol mewn fferm gyfagos. Tybed a ddaeth ar draws Nanw a John ar y mynydd? Neu efallai iddo alw i mewn i Benrallt am de a chacen gri.

Flynyddoedd ar ôl i Nanw farw, mi es i â Hilda a Beryl i Benrallt. Cawsom groeso gan y bobl oedd yn byw yno. Roedden nhw'n dweud am rai blynyddoedd ar ôl i Nanw adael y byddai hen wreigan yn cerdded y mynydd ac yn galw'n gyson heibio'r fferm, ac yn gofyn am de a chacen gri. Roedden nhw bob amser yn darparu ar ei chyfer.

Aeth Yncl John â ni i'r treialon cŵn defaid unwaith, a chofiaf gael fy swyno wrth iddo chwibanu a galw ei gŵn yn Gymraeg i fugeilio'r defaid. Tua'r amser yma ymddangosodd gyda'i gŵn mewn hysbyseb deledu. Dwi'n meddwl mai ar gyfer Pedigree Chum oedd yr hysbyseb. Neu Winalot efallai?

Dwi'n rhyw lun o gofio mai Glen, Ben a Ffan (neu Fflei) oedd enw'r cŵn. Dywedodd John wrtha i am beidio â mynd yn agos atynt oherwydd byddent yn fy mrathu, ond mi wnes i - ac fe wnaeth un ohonyn nhw fy mrathu. Dwi'n meddwl mai Glen oedd o.

Pan fu farw John, rhedodd y cŵn i ffwrdd a threfnodd un o'i berthnasau (Mog) gyda'r ffermwyr lleol i chwilio amdanyn nhw. Mi daethant o hyd i'r cŵn, oedd yn rhyddhad oherwydd (ar wahân i unrhyw beth arall) eu bod yn werth llawer o arian (o'r hyn a gofiaf, £200 yr un).

Unwaith anfonodd Nanw fenig ataf fi a Dafydd ar gyfer y Nadolig gyda phapur degswllt y tu mewn. Roedd y menig yn gynnes ond pan oedden nhw'n gwlychu roedden nhw'n amsugno'r dŵr ac yn rhynllyd o oer.

Bu Beryl yn nyrsio Nanw tua diwedd ei hoes ac es i â hi i'r byngalo yn Llanfrothen unwaith neu ddwy. Mae maenordy yn Llanfrothen ac roedd gan Nanw gysylltiad ag ef. Dwi'n meddwl efallai mai yma y bu hi'n gofalu am Megan Lloyd George.

Atgofion Alan...

Yr ysgol gyntaf es i iddi oedd Croesor pan oeddwn yn bump oed. Ni allwn ddod yn ôl i Rochdale am ryw reswm. Efallai oherwydd achos o'r dwymyn goch. Doedd gan Yncl John ddim Saesneg o gwbl ac ychydig iawn o bobl Croesor oedd yn siarad Saesneg.

Roedd Yncl John yn arfer eillio bob dydd Sul, ond dim ond un llafn rasel oedd ganddo fyth. Roedd yn arfer ei roi mewn jar jam a'i ysgwyd o ochr i ochr i'w hogi.

Roedd llawer o frithyllod yn y nant ar waelod y cae a dangosodd Yncl John i mi sut i benlinio ar graig a rhoi eich llaw yn y dwr, cosi'r brithyll a'u tynnu allan.

Atgofion Huw...

Treuliwyd llawer o wyliau haf ym Mhenrallt gyda Nanw a John. Roeddent yn amseroedd arbennig iawn ac roeddwn yn ffodus i brofi ffordd o fyw a chyfnod sydd wedi newid yn sydyn ers hynny. Roeddwn bob amser yn sylweddoli bod bywyd yno yn galed, ond nid oedd hynny'n eu hatal rhag bod yn hynod o hael â'r hyn oedd ganddynt. Allai neb anghofio'r dŵr oer yn y jwg a'r basn yn y llofft oedd yn gorfod cael ei gario i mewn o'r beipen fechan sengl oedd yn dod yn syth allan o'r bryn, na'r papurau newydd yn cael eu torri'n sgwariau yn y tŷ bach. Yna roedd y cynhwysydd plastig gyda handlen y byddai Nanw yn rhoi'r holl ddarnau bach o sebon ynddo, cyn ei ysgwyd yn egnïol yn y sinc yn lle hylif golchi llestri.

Y ddelwedd o Nanw sy'n aros yn fy meddwl yw stwcen o ddynes gref gyda llond pen o wallt brith, wyneb coch crwn wedi'i dreulio gan dywydd, a'r breichiau croesawgar mawr hynny a fyddai'n rhoi cwtsh mor fawr i chi.

Roedd hi'n wych y gallwn i fel plentyn gael cymaint o hwyl gyda'r peth nesaf i ddim wrth i ni chwarae ar y bryn, dros y caeau ac yn y nant, gwylio'r gwartheg yn cael eu godro â llaw a'r defaid yn cael eu symud yn fedrus gan Wncwl John a Fflei (ei gi defaid gorau).

Roedd Nanw bob amser yn cynnig brecwast wedi'i goginio gyda llawer o fraster o'r cig moch wedi'i dywallt dros ei ben, a fyddai'n sicr o helpu John i gadw'r oerfel allan yn y gaeaf. Roedd nosweithiau i'w gweld yn dod yn gynnar ym Mhenrallt gan fod yr ystafell fyw yn naturiol dywyll hyd yn oed heb drydan. Wnes i ddim sylweddoli hynny bryd hynny ond roedd yn ymddangos ei fod yn dwysáu eich synhwyrau. Byddai John yn eistedd yn ei gadair yn ysmygu ei bibell gan edrych ar y tân yn dawel, a byddai hwnnw'n hisian wrth iddo boeri i mewn iddo. Byddai Nanw yn y pantri llawr carreg oer yn gwneud menyn a'r arogl yn treiglo drwodd. Byddem yn cael pecyn ganddi weithiau adeg y Nadolig a chyn gynted ei fod wedi'i agor byddai'n rhyddhau'r arogl hyfryd hwnnw a fyddai'n mynd â mi yn ôl i Benrallt.

Wna i fyth anghofio pan ofynnodd Nanw i John 'nôl un o'r ceiliogod i swper. Roeddwn i'n teimlo eu bod yn gwneud rhywbeth arbennig, yn ildio'r aderyn hwnnw er mwyn i ni ei fwyta! Roedd y ffordd y torrai Nanw fara hefyd yn fy syfrdanu. Byddai'n creu crud i'r dorth yn ei braich chwith, ac yna'n ei thorri i fyny at y canol a chreu'r dafell deneuaf o fara a welais erioed. Byddai hi wedyn yn troi'r dorth o'i hamgylch i dorri sleisen arall at y canol, a honno union led y dafell gyntaf. Roedd hynny'n dipyn o gamp.

Byddai Nanw weithiau'n fy ngherdded i Dan y Bwlch lle byddem yn mynd ar reilffordd Ffestiniog i Borthmadog a'r siopau. Byddem wedyn yn dal y trên adref, ac roedd y daith ddwy filltir a hanner o'r orsaf i Benrallt i'w gweld yn cymryd am byth.

Diolch am yr atgofion yna i'w trysori Nanw.

Atgofion Gwylan...

Roedd gwyliau ym Mhenrallt yn antur go iawn. Roedd gan y ddwy ystafell wely gefn ffenestr fach yr un, y gallech chi gamu allan yn syth drwyddynt i lethr serth y mynydd. Roedd y cyfleusterau 'en-suite' yn cynnwys llen ar draws cornel yr ystafell wely gyda bwced enamel (gyda chaead) y tu ôl iddo.

Byddai Anti Nanw yn rhoi jwg mawr o ddŵr poeth y tu allan i ddrws y llofft bob bore, ac roedd powlen tsieina gyfatebol ar y stand olchi yn y llofft ar gyfer fy ngolchfa foreol. Nid oedd ystafell ymolchi yn y tŷ.

Dwi'n cofio helpu Anti Nanw i wneud llaeth enwyn a phatio menyn yn y llaethdy oer, tywyll yng nghefn y tŷ.

Roedd Yncl John wrth ei fodd â brechdanau siwgr! Cofiaf eu bod yn hyfryd, er mai menyn Anti Nanw oedd eu cynhwysion gorau mewn gwirionedd.

Dwi'n meddwl bod yr ymwelwyr yn ffynhonnell incwm bwysig iddynt. Mi allaf gofio gorglywed sgyrsiau rhwng Nain ac Anti Nanw am 'PGs', a ddysgais yn ddiweddarach oedd yn golygu 'Paying Guests'.

Roedd bywyd yn galed ym Mhenrallt, a chofiaf fod Anti Nanw yn falch iawn o foethusrwydd cymharol y byngalo yr ymddeolodd iddo yn Llanfrothen. Roedd hi'n berson caredig a pharod ei gwên nad oedd byth yn cwyno am heriau bywyd, ac roedd gan bawb feddwl mawr ohoni.

May (yn y cefn) gyda Iola, Lottie a Doris.

May

Geni: 1910, Plas Canol, Dolgellau
Marw: 2002: Bangor, Gwynedd
Priodi: Di-briod
Plant: Dim

Atgofion Rhian...

May oedd y drydedd ferch ac fe'i ganed ym mis Mai. Aeth i ysgol Dr Williams wrth gwrs, yna i Goleg Normal Bangor i hyfforddi i ddysgu plant oed cynradd.

Canfu nad oedd yn mwynhau addysgu a'i bod eisiau gweithio mewn banc. Wn i ddim pam na lwyddodd hi i wneud hynny. Dysgu y bu hi ar hyd ei holl fywyd gwaith. Wnaeth hi ddim priodi, er iddi gael sawl cynnig yn ôl yr hyn â ddywedwyd wrthyf.

Dywedodd Nain mai'r rheswm oedd oherwydd nad oedd neb tebyg i Edward yr oedd hi wedi dyweddïo gydag o. Dwi bron yn siwr iddo gael ei ladd yn y Rhyfel. Arhosais gyda May yn ei blynyddoedd olaf am rai dyddiau, ac un noson deffrais a'i chlywed yn crio am Edward yn ei chwsg. Mi wnaeth hynny fy ypsetio'n fawr - ac mae'n dal i wneud, a dweud y gwir.

Ychydig cyn i mi ddechrau'n yr ysgol roedden ni yn Nolgellau, ac mae'n rhaid bod rhywun wedi awgrymu fy mod yn treulio diwrnod yn ysgol (Llwyngwril?) gyda May. Dwi'n eitha siwr ei bod hi'n ddiwrnod glawog, ond yn sicr fy atgof i yw eistedd o dan y bwrdd du îsl mawr gyda bechgyn 'mawr' yn rhuthro o gwmpas yr ystafell – 'amser chwarae' oedd hwnnw am wn i. Pan es i i'r ysgol yn Llanallgo ychydig wythnosau'n ddiweddarach roedd yn rhaid fy llusgo i mewn yn cicio a sgrechian.

Roedd May yn gerddwraig o fri ac roedd ganddi ddiddordeb mawr mewn planhigion, yn enwedig blodau gwyllt. Byddai'n dewis samplau o rai nad oedd hi eisoes yn eu hadnabod, a byddent yn cael eu dadansoddi a'u nodi'n ofalus. Roedd yn gwasgu enghreifftiau hefyd. Roedd ganddi ddiddordeb ym myd natur yn gyffredinol, a byddai'n nodi pethau eraill hefyd megis cregyn, adar, caws llyffant a phethau eraill y deuem ar eu traws ar deithiau cerdded. Roedd hi'n fanwl gywir ac yn drefnus wrth gofnodi ei darganfyddiadau.

Roedd May'n mwynhau ei gwyliau yn teithio i lawer o lefydd yn Ewrop. Yr un a wnaeth yr argraff fwyaf arni oedd y daith i Oberammergau gyda Nain. Aeth sawl gwaith i Dde Affrica a Kenya gyda Phyllis ac Arthur, a chafodd ei holl luniau eu didoli a'u storio. Roedd ganddi ddiddordeb yn hanes y teulu, felly efallai mai hi yw gwir ysgogydd y prosiect hwn.

Aeth â fi gyda hi i'r llyfrgell yn Nolgellau dros ddau ddiwrnod pan oeddwn yn oedolyn ifanc. Roedd hi wedi darganfod llawer o wybodaeth yn barod – ond ddim pwy oedd tad Taid, a dwi'n dychmygu mai dyna beth oedd y merched i gyd eisiau gwybod. Yn y dyddiau hynny roedd y wybodaeth ar ficrofiche – ar ddata o wahanol ffurflenni'r cyfrifiad y gwnaethom ni edrych. Roedd yn brint mân, anodd ei ddarllen, a dim ond un copi oedd o bob cyfrifiad, felly weithiau byddai'r un roedd hi'n gweithio arno'n cael ei ddefnyddio gan rywun arall. Fe wnes i fwynhau gweithio gyda hi'n fawr. Mi eisteddom ni ochr yn ochr yn dod o hyd i ychydig o wybodaeth rwan ac yn y man, a hithau'n dywyll ac yn bwrw glaw y tu allan.

Roedd hi wedi darganfod bod mam Nain (Jane hefyd) wedi ei geni yn 1852 ar fferm o'r enw Glan-Llyn-y-Forwyn, plwyf Llanddwywe-Uwch-Y-Graig. Fe wnaeth hyn ennyn chwilfrydedd May, ac aeth hi hefo Iola ar antur go iawn i ddod o hyd i'r fferm. Roedd yn bell i fyny lôn rhwng Llanelltyd a'r Bontddu, yna'n drac ymlaen tuag at ben Mynydd Glan-llyn-y-forwyn. Fe wnaeth y trac ddarfod, ond daethant o hyd i adfeilion y fferm.

Roedd hi'n byw gyda Nain ym Mhlas Canol ac yn gofalu amdani nes bu farw Nain yn 100 oed.

Atgofion Richard...

Byddem yn gweld Anti May o leiaf unwaith y flwyddyn pan fyddem yn treulio wythnos bob haf yn ymweld â hi a Nain ym Mhlas Canol. Ar ôl i Nain farw, roedd May yn arfer treulio'r Nadolig gyda ni ym Mryste – roedden ni bob amser yn mynd i'r 'Marshfield Mummers' ar Ŵyl San Steffan.

Byddai'n teithio i Fryste ar fws y Cambrian Express a ddaliai ychydig lathenni o Blas Canol ar y Sgwâr. Byddai Gwylan yn ei chyfarfod yng ngorsaf fysiau Caerdydd a byddai'n dal y trên i Fryste lle byddai un ohonom yn ei chodi o Temple Meads neu Parkway.

Mae gen i gymaint o atgofion melys o May a Phlas Canol – aethon ni i gyd i weld 'The Sound Of Music' yn y Plaza yn Nolgellau pan ryddhawyd hi yn 1965. Roedden ni wastad yn ymweld â'r Bermo, ac roedd Anti May yn gwneud brechdanau tomato a oedd yn mynd yn soeglyd weithiau os oedd hi'n ddiwrnod arbennig o gynnes. Mae'n rhyfedd sut mae'r manylion bach hyn yn aros gyda chi.

Roedd May yn ymddangos yn eithaf llym i mi (athrawes oedd hi) ond fel pob un o'r chwiorydd, roedd hi'n garedig ac yn anturus. Roedd hi'n mwynhau gwyliau tramor a dwi'n siŵr iddi ymweld â'r gymuned Gymraeg ym Mhatagonia – tipyn o daith o Ddolgellau.

Bu'n canu'r piano/organ yng Nghapel Jwda ac roedd hefyd yn Ddiacon.

Roedd hi'n ffit iawn ac yn mwynhau'r awyr agored. Mae'n debyg pan oedd yn gweithio fel athrawes yn Ninas Mawddwy iddi gerdded drwy eira trwm dros y Bwlch, oherwydd bod y ffyrdd yn rhy beryglus i geir a bysiau.

Doris

Geni: 1912, un ai Plas Canol neu Victoria House, Dolgellau
Marw: 1990, Wrecsam
Priodi: Arthur Thomas
Llysblant: Gwyn, Ann

Atgofion Rhian...

Ni alla i gofio llawer am Doris. Mae'n bosib mai hi oedd prif ofalwraig y tŷ yn Siop Newydd. Gyda'r siop roedd Nain yn delio yn bennaf, a dwi'n cofio pan ddeuem ni i gyd i aros nad oedd gan Doris lawer o amser sbâr i fod gyda ni. Fy mhrif atgof ohoni yw ei gwên. Roedd ei llygaid a'i hwyneb cyfan yn goleuo ac yn crychu i'r wên, ac roedd ganddi chwerthiniad heintus hefyd. Roedd hi'n amyneddgar ac yn garedig iawn hefo ni.

Dwi'n meddwl mai hi oedd prif gogyddes a phobydd Siop Newydd. Ei 'piece de resistance' oedd 'Cacen Doris'. Nid cacen oedd hi mewn gwirionedd, ond 'tray bake'. Roedd ganddi waelod crwst, yna haen o jam (bricyll neu fafon) ac yna haenen uchaf o geirch soeglyd â blas almon. Hon oedd yr eitem orau ar unrhyw bicnic. Roedd Iola wedi cael gafael ar y rysáit oherwydd ei fod yn ffefryn adref gyda'n teulu ni hefyd (Cacen Doris oedd hi'n cael ei galw bob amser).

Roedd hi wrth ei bodd yn mynd am dro gyda ni, yn enwedig os oedden ni'n mynd i bigo rhywbeth – cnau castan, mwyar duon, llus neu fadarch. Mi fyddai hi'n dosbarthu bagiau ysgwydd cartref i bob un ohonom i roi pethau ynddynt, ac roedd yn rhaid i ni gyd gael ffon hefyd – a pheidio â'i cholli. Roeddent yn anturiaethau go iawn a byddai pawb yn mynd. Weithiau byddai criw mawr iawn ohonom.

Wn i ddim sut y cyfarfu ag Arthur o Wrecsam, er bod cysylltiadau teuluol yn Wrecsam. Mi redais i mewn i'r ystafell fyw unwaith, ac roedd hi ac Arthur yn eistedd yn agos at ei gilydd ar y soffa. Allwn i ddim fod wedi bod yn hen iawn, efallai wyth, ond roedd yn teimlo'n 'breifat', felly fe wnes i droi a rhedeg allan o'r ystafell. Clywais eu bod wedi priodi yn fuan wedyn. Gŵr gweddw oedd Arthur a chymerodd Doris arni fagu ei ddau blentyn, Gwyn ac Ann. Dim ond tua dwywaith y gwnaethom gyfarfod â hi ar ôl hynny.

Mae llun o Ann a minnau y tu allan yn y cefn wrth ymyl y tŷ gwydr, wedi'n gwisgo yn nillad y 'May Queen' o'r atig. Dim ond dwy neu dair o weithiau wnaethon ni gyfarfod.

Atgofion Richard...

Doris oedd y chwaer a welsom leiaf ohoni pan oeddwn yn tyfu i fyny. Ni allaf ei chofio hi ac Arthur yn ymweld â ni yn Daventry Road, Banbury neu Sweets Road ym Mryste, er iddi aros gyda Beryl ar ôl marwolaeth Arthur Thomas. Roedd hi'n gwella o'r eryr ac weithiau roedd mewn cadair olwyn. Roedd hi a Beryl yn mwynhau mynd i Slimbridge Wildfowl and Wetlands Trust yn Swydd Gaerloyw.

Sefydlwyd Slimbridge gan Peter Scott, mab y fforiwr Antarctig Capten Scott, ac mae'n hafan fendigedig i adar gwylltion mudol a phob math o fywyd gwyllt arall, sy'n cyd-fynd ag atgofion Rhian o hoffter Doris o fyd natur – dwi'n meddwl bod hynny'n wir am holl Ferched Siop Newydd. Roedd gan Slimbridge fantais hefyd o gael llwybrau gwastad oedd yn ei gwneud yn hygyrch i ddefnyddwyr cadeiriau olwyn, cyn bod unrhyw ddisgwyliad gwirioneddol y dylai pob man cyhoeddus gael ei ddylunio gan gadw defnyddwyr cadeiriau olwyn mewn cof.

Ond mae fy atgofion melysaf o Doris ac Arthur i gyd yn ymwneud â physgota.

Buom yn ymweld â Dolgellau ar gyfer ein gwyliau haf bob blwyddyn, ac roedd ein hwythnos ni i fod ym Mhlas Canol yn dilyn yn syth ar ôl slot Doris ac Arthur. Felly weithiau os bydden ni'n cyrraedd yn gynnar mi fyddent yn dal yno, a byddem ni'n cael cinio neu de gyda'n gilydd.

Ond yn bwysicach o lawer na hynny, ar un neu ddau achlysur fe aethon nhw â fi i bysgota – unwaith i'r Wnion ac unwaith i un o'r llynnoedd. Roedd Doris ac Arthur yn bysgotwyr gwych. Mi ddalion ni lysywod ac roedd Doris yn gwybod sut i'w blingo, felly coginiodd Anti May lysywod i de. Byddaf bob amser yn cofio eistedd wrth y bwrdd mawr ym Mhlas Canol gyda phlât bach o lysywod wedi'u torri'n fân (wnaethon ni ddim dal llawer), gyda'r llysywod yn rhoi ambell blwc wrth iddyn nhw oeri ar y plât.

Buom yn ymweld â Doris ac Arthur yn Ffordd Rhiwabon, Wrecsam, a dwi'n meddwl hefyd inni alw heibio i berthynas mwy oedrannus. Dwi'n cofio mai rhai brics coch oedd y tai. Dwi'n cofio'r tŷ yn Ffordd Rhiwabon fel un eitha bach a thywyll. Roeddwn i'n meddwl bod hynny'n od i rywun oedd yn mwynhau bod yn yr awyr agored gymaint â Doris.

Chwith: Lottie yn faban gyda Doris.

Lottie

Geni: Awst 8, 1914, un ai Plas Canol neu Victoria House, Dolgellau
Marw: Chwefror 10, 1994 Rochdale
Priodi: Joseph Johnson Hollinshead, 1939
Plant: Alan, David, Joseph, Maggie

Atgofion Maggie ac Alan...

Ganwyd Lottie ym mlwyddyn dechrau'r Rhyfel Byd Cyntaf, a phriododd ym mlwyddyn dechrau'r Ail Ryfel Byd. Ganwyd tri o'i phedwar plentyn yn ystod y rhyfel.

Am gyfnod byr, hi oedd babi'r teulu oherwydd roedd bwlch o bum mlynedd rhwng Lottie a Iola cyn i Hilda a Beryl gyrraedd gan ail-sefydlu'r cyfnodau cyson o ddwy flynedd rhwng genedigaethau Merched Siop Newydd. Tybir i Nain gael camgludiad neu golli plentyn adeg ei eni rhwng Lottie a Iola.

Ar ôl tyfu i fyny yn Siop Newydd a mynychu Ysgol Dr Williams i Ferched, symudodd Lottie i Gaer i hyfforddi fel nyrs ardal, a dechreuodd weithio yn Sparrow Hill, Rochdale lle beiciai ar ei rowndiau yn gwisgo ei chot wen nyrs ardal nodedig.

Pan lwyddodd Lottie i uwchraddio o'i beic i gar, daeth yn un o'r merched cyntaf yn Rochdale i yrru car. Mae ei merch Maggie yn cofio mynd gyda hi ar ei rowndiau o bryd i'w gilydd: "Byddai'n parcio lle bynnag y mynnai ac yn dweud bod ei chot wen yn golygu na fyddai byth yn mynd i drafferthion," cofia Maggie.

Aeth gyrfa Lottie â hi wedyn i Felin Gotwm Eagle Mill yn Lowerplace, Rochdale, lle bu'n gweithio fel nyrs. Bu hefyd yn gweithio yn y clinig babanod yn Rochdale, ond treuliodd weddill ei bywyd gwaith fel Metron yn Ysgol Ramadeg i Ferched Rochdale yn Greenhill.

Ar ddiwedd y 1960au ymunodd yr Ysgol Ramadeg, a oedd gyda phoblogaeth o tua 450 o ferched, i'r system gyfun, a daeth yn Ysgol Uchaf Greenhill i fechgyn a merched, a chynyddodd y nifer a dderbyniwyd i 2,000. "Hi oedd yr unig un yn yr ysgol oedd yn gallu rheoli pawb," cofia Alan.

Mae cefndryd a chyfnitherod eraill yn cofio Lottie fel modryb garedig ond llym, felly mae geiriau Alan yn debygol o fod yn wir.

Mae'n anodd dychmygu mwy o wrthgyferbyniad nag rhwng tyfu i fyny yn y siop deuluol yn Nolgellau i weithio fel nyrs mewn ardal drefol hynod ddiwydiannol yng ngogledd-orllewin Lloegr yn ystod y Rhyfel. Roedd y Rhyfel i chwarae rhan arwyddocaol ym mywyd Lottie.

Priododd Joseph Johnson Hollinshead yn 1939, a bu iddynt dri o blant yn ystod y Rhyfel. Ganed Maggie ym 1947, ddwy flynedd ar ôl y cadoediad.

Cafodd Joseff ei alw i fyny a gwasanaethodd yn y Fyddin. Cafodd y profiad effaith ofnadwy arno a throdd at y ddiod. Gwahanodd y cwpl yn y 50au cynnar pan oedd Maggie tua phedair oed, gan adael Lottie fel mam sengl gyda phedwar o blant ifanc. Wnaethon nhw byth ysgaru ac roedd Lottie rywsut yn gallu cadw mewn cysylltiad â Joseff er ei fod ar y clwt. Bu farw ar fainc parc yn Llundain; ei gartref erbyn hynny oedd Hostel Byddin yr Iachawdwriaeth. David, Alan a Joe oedd yr unig bobl oedd yn bresennol yn ei angladd, a gafodd ei weinyddu gan David, a oedd yn weinidog gyda'r Bedyddwyr. Amlosgwyd Joseph yn Lewisham.

Er gwaethaf y caledi hyn, llwyddodd Lottie i ddarparu cartref sefydlog a hapus a pharhaodd yn driw i'w magwraeth gyda'r Bedyddwyr trwy fynd â'r plant i'r eglwys bob dydd Sul. Roedd Lottie yn gredwr mawr yn y mudiad Co-Operative ac roedd y teulu bob amser yn siopa yn y Co-Op.

Yn ystod y gwyliau arhosai'r plant gyda chwiorydd Lottie yn enwedig gyda Phil ac Arthur (Maggie), tra arhosai Alan a David ym Mhenrallt gyda Nanw, a byddai John a Joe yn aml yn Nolgellau gyda Nain ac Anti May. Byddent yn cael eu rhoi ar drên yn Rochdale a'u casglu yn Nolgellau neu orsafoedd cyfagos eraill.

Bu Maggie yn byw gyda Phil ac Arthur am gyfnod byr ar eu tyddyn yn y Groeslon (pentref ger Llandwrog, i'r de o Gaernarfon) pan oedd yn gwella o'r pas, ac aeth i'r ysgol yn y pentref lle daeth yn siaradwr Cymraeg rhugl. Bu trafod am Phil ac Arthur yn mabwysiadu Maggie, ond ni ddigwyddodd hynny erioed.

Yn yr un modd, roedd ysgol gyntaf Alan ym mhentref Croesor islaw Penrallt, a fynychodd yn bump oed oherwydd nad oedd yn gallu aros yn Rochdale, efallai oherwydd achos o'r dwymyn goch yng ngogledd-orllewin Lloegr. Dysgodd Alan hefyd siarad Cymraeg tra yn yr ysgol, ond nid yw Maggie nac Alan yn gallu cofio'r iaith bellach.

Roedd gan Lottie gariad mawr at arddio sydd yn amlwg wedi ei etifeddu gan Maggie, a ymfudodd i Awstralia yn 1975 ac sy'n gadeirydd y Gymdeithas Blodau a Gardd yn nhref fechan Nannup yng Ngorllewin Awstralia, lle maent yn byw. Mae ei gwr

Bob yn ysgrifennu ac yn ymddangos ar sioeau radio am arddio.

Roedd Lottie'n ymweld â Maggie a Bob yn Awstralia yn rheolaidd gan dreulio tri mis yno bob yn ail flwyddyn.

Mae lludw Lottie wedi'i wasgaru ger y nant ar waelod cae Penrallt. Gwasgarwyd lludw Dafydd yno ac wrth y brigiad creigiog nodedig ger giat uchaf y ffermdy. Mae Penrallt yn fan lle mae gan yr holl gefndryd a chyfnitherod atgofion melys.

Iola

Geni: 1919, Victoria House, Dolgellau
Marw: 2014, Abertawe
Priodi: Glyn Evans
Plant: Rhian, Robin, Dewi, Huw

Atgofion Rhian...

Iola oedd y chweched ferch, y gyntaf o'r grŵp ieuengaf o dri, gyda bwlch o bum mlynedd rhyngddi hi a Lottie, rhif pump. Oherwydd y bwlch oedran, roedd y dair (Iola, Hilda a Beryl) yn grŵp ar wahân.

Ganwyd Iola ar Awst 14eg, 1919 yn Nolgellau. Tybiwn ei bod hi, a'r merched eraill, wedi mynd i'r ysgol gynradd leol, ond Ysgol Dr Williams i Ferched oedd yr un y byddent i gyd yn siarad ac yn hel atgofion amdani o hyd. Mae'n debyg mai ei hoff bwnc oedd Addysg Gorfforol, a phêl-rwyd yn arbennig, er iddi gael damwain ddrwg wrth ei chwarae a bod angen llawdriniaeth o'r herwydd. Roedd hi hefyd yn hoff o wnïo, ac yn arfer dweud fod ei hathro bob amser yn dweud wrth iddi dorri defnydd – 'lo-n-g snips'. Astudiodd y Gymraeg, ond am ryw reswm roedd yn difaru nad oedd hi wedi gallu dysgu Ffrangeg yn yr ysgol.

Roedd hithau'n gerddwraig o fri. Mae digon o gerdded da o gwmpas Dolgellau. Roedd bob amser o leiaf un daith gerdded flynyddol gyda'r teulu i fyny Cader Idris, weithiau'n cael ei harwain gan Yncl Pitar gyda'i ffon gadarn, ond roedd hi hefyd yn mynd gyda gwahanol chwiorydd a ffrindiau. Roedd sôn bob amser am y dychweliad brawychus i lawr Foxes Path, ac aethant unwaith dros nos ar y diwrnod hiraf i weld toriad y wawr ar y copa.

Roedd hi'n heini ar hyd ei hoes. Roedd wrth ei bodd yn beicio hefyd, ond daeth hynny fwy neu lai i ben ar ôl dechrau teulu, ac roedd hi'n edifar am hynny pan oedd hi'n hŷn. Roedd hi wrth ei bodd yn nofio hefyd, yn enwedig yn y môr pan oedd tonnau mawr, ac roedd hi'n dal i fynd ar adegau gydag unrhyw un a oedd yn barod i fynd gyda hi, ymhell i mewn i'w hwythdegau. Roedd ei phen-glin, erbyn hynny, yn boenus ac yn ei thrafferthu'n fawr, gyda dim ond poenladdwyr i geisio seibiant rhagddi.

Yn ystod y cyfnod roedd y plant yn tyfu i fyny roedd y teulu'n byw yn Siop Newydd, tŷ uchel ar dop Sgwâr Eldon, gyda'r siop yn rhan annatod. Roedd yn gwerthu papur wal, paent a rhai eitemau cartref yn bennaf. Roedd ganddo islawr lle'r oedd y gegin a lle roedden nhw fel arfer yn bwyta. Roedd lle tân mawr, a chadair fawr Windsor, sef un Taid. Roedd Taid yn y frigâd dân wirfoddol, ac roedd ei helmed a'i siaced bob amser yn barod ar gefn drws y gegin. Cymerai ei orsaf ran mewn cystadlaethau ag eraill yn yr ardal, a byddent yn aml yn ennill. Roedd digon o fedalau arian i'r merched i gyd fedru etifeddu un, a rhai i'w sbario ar ben hynny. Roedd y merched i gyd yn gwneud eu siâr o'r gwaith tŷ ac yn y siop hefyd wrth iddynt dyfu'n hŷn.

Tra'r oedd Iola'n dal yn yr ysgol, sylwodd fy nhad, Glyn, arni yn ôl pob tebyg wrth fynd heibio i gaeau chwarae'r ysgol – roedd hi'n chwarae hoci mae'n debyg. Rhywbryd yn ddiweddarach, bu cychwyn ar gyfarfodydd cyfrinachol a theithiau cerdded ar y llwybr troed uwchben y dref. Curad yr eglwys oedd fy nhad, a'i deulu'n gapelwyr pybyr, felly mi dybiwn mai dyna oedd un rheswm am y cyfrinachedd.

Pan adawodd yr ysgol, aeth Iola i Goleg Normal Bangor i hyfforddi fel athrawes. Roedd hi'n amser rhyfel, ac felly mae'n bosibl nad oedd ganddi ddewis o leoliad, oherwydd ar gyfer ei swydd gyntaf canfu ei hun yn y Dwyrain Iddewig yn Llundain. Mae'n rhaid ei bod yn newid enfawr iddi i gael ei thaflu i ganol cythrwfl o bomio a'r blacowt, ond byddai'n ogystal wedi bod yn newid diwylliannol sylweddol hefyd.

Fodd bynnag, o fewn dwy neu dair wythnos ymgiliwyd yr ysgol i Ely yn Swydd Gaergrawnt. Roedd y plant, yn enwedig y bechgyn, yn anodd i'w trin, a phrin fod y symud wedi helpu oherwydd bod y plant allan o gynefin eu dinas ac yn byw gyda dieithriaid. Roedd newid cyson, gyda rhai plant yn dychwelyd i Lundain a rhai newydd yn ymddangos, a dim adeilad ysgol 'go iawn'. Ni chymerodd Iola at ddysgu.

Dychwelodd Iola i Ddolgellau ar ddiwedd y flwyddyn ysgol a phriodi Glyn Evans ym mis Gorffennaf 1941. Glyn oedd yr ieuengaf o 11 o blant, pump o fechgyn a chwe merch (bu farw un ferch yn 21 mis oed) o Fethesda yn sir Gaernarfon. Y fo oedd yr unig un a aeth i'r brifysgol; ymfudodd dau i America, a bu ei dad ac o leiaf ddau frawd yn gweithio yn chwareli llechi'r Penrhyn.

Roedd Glyn erbyn hynny wedi dod yn gurad yn Llanfairfechan. Roedd y cwpl yn byw mewn tŷ tal lle'r oedd y landlordes hefyd yn byw. Ar ôl i mi gael fy ngeni ar Orffennaf 24ain, 1942 roedd y landlordes yn cwyno'n gyson fod y babi'n crio. Achosodd hyn gymaint o ddiflastod nes i'r babi gael ei anfon i Siop Newydd, Dolgellau i gael gofal gan Nain am rai wythnosau. Mae'n debyg bod y landlordes wedi bod eisiau merch erioed.

Cefais fy aduno â nhw mae'n debyg pan ddaeth Glyn yn rheithor Llanallgo a Llaneugrad, Ynys Môn. Roedd y rheithordy'n fawr iawn – tri llawr gyda seler arswydus, ac yn oer ofnadwy. Roedd yn dŷ bwganod, yn ôl chwaer Glyn, Min (Myfanwy). Y gegin oedd yr un ystafell gynnes gyda 'range' hen ffasiwn a hen biano, yn ffinio â'r briws oedd yn arwain allan i'r cowt muriog a'r tŷ golchi tu hwnt.

Un o'r pethau arwyddocaol cyntaf a brynodd fy nhad oedd peiriant golchi a oedd, mae'n rhaid, yn amhrisiadwy. Roedd adeiladau allan yn y cefn a ddefnyddid am arbrawf digrif i besgi moch. Roedd bob amser gath, ac ieir, ci (am gyfnod gweddol fyr), ac un flwyddyn, gwyddau – roedd un flwyddyn yn ddigon. Roedd gardd gegin fawr â wal o'i chwmpas, lle treuliodd Glyn dipyn o amser yn cadw gwenyn a thyfu ffrwythau a llysiau. Roedd hefyd yn ychwanegu at y fwydlen trwy saethu cwningod, colomennod a hyd yn oed ydfrain unwaith, a oedd â nythfa dros y fynwent (doedden nhw ddim yn flasus iawn).

Roedd yr eglwys y drws nesaf, a dyma'r orffwysfan olaf i lawer o ddioddefwyr llongddrylliad y Royal Charter, a suddodd oddi ar arfordir Moelfre mewn storm ffyrnig ar Hydref 26, 1859. Codwyd un o'r canonau o'r llong a'i gosod ar dir y rheithordy. Mae'n dal i fod yno. Roedd hwn yn ffefryn gan bob plentyn i chwarae arno ac ar gyfer rhoi bangers ynddo ar Noson Tân Gwyllt. Mae gennym atgofion hapus o Mam yn ein cyfarfod wrth giât yr ysgol gyda chadair wthio a phicnic yn yr haf, ac yn anelu wedyn am Draeth Bychan.

Ganwyd y meibion i gyd yn y rheithordy – Robin, Rhagfyr 15fed, 1945, Dewi, Ebrill 14eg, 1947 a Huw, Mawrth 16eg, 1950. Magwyd y teulu gydag egni a dyfeisgarwch gan Iola, mewn cyfnod caled. Fe wnaethom ni i gyd helpu i ychwanegu at yr incwm trwy hel eirlysiau, a'u rhoi mewn tusw gyda dail iorwg i'w hanfon i Lerpwl i'w gwerthu ar y strydoedd. Gwerthwyd mêl, a chafwyd teithiau chwilota tymhorol am fadarch, mwyar duon, cnau, berwr dŵr, berdys a gwichiaid, yn ogystal â choed tân. Mae'n debyg mai Iola a ysgogai'r teithiau chwilota am eu bod yn nodwedd o fywyd yn Nolgellau hefyd (cnau castan a llus). Dwi'n dychmygu bod yr wyrion i gyd yn cofio'r teithiau cerdded hynny i Lanfachreth a Llwybr Cynwch, pob un â bag a ffon gartref.

Ym mis Chwefror 1954, symudodd y teulu i'r Ficerdy yn Saundersfoot, Sir Benfro, tŷ mawr arall ond ddim cweit mor oer, ac yn haws i'w edrych ar ei ôl. Eto roedd gardd gegin fawr ac eto roedden ni ger y môr.

Roedd yn blwyf gwahanol iawn – Saesneg ei iaith, gyda phlwyfolion fel Arglwydd ac Arglwyddes Merthyr, phobl wedi ymddeol fel gwraig weddw i lyngesydd, a phersonél y fyddin, nad oeddent yn lleol yn wreiddiol. Dim ond pedair oed oedd Huw, ac ni allai siarad Saesneg. Doedd neb yn yr ysgol yn siarad Cymraeg, felly penderfynwyd siarad Saesneg gartref gan olygu bod Dewi a Huw yn colli eu Cymraeg. Mae pob un ohonom yn gresynu at hynny erbyn hyn. Roedd yn rhaid i Iola fod yn 'wraig ficer' mwy gweladwy, yn ymwneud ag Undeb y Mamau, Sefydliad y Merched, rota blodau, a phob math o weithgareddau eraill.

Â Glyn braidd yn efelychiad o dad Fictoraidd (hen ffasiwn), roedd bywyd teuluol o ddydd i ddydd yn troi o gwmpas Iola a'r gegin - hi â'n magodd ni. Roedd hi'n gogyddes ardderchog, yn wniadwraig, yn drefnydd blodau ac yn grefftwraig yn gyffredinol. Roedd hi a Glyn yn arfer dylunio a gwneud gorchuddion penliniau ar gyfer yr eglwys. Roedd Iola'n mwynhau garddio hefyd, a hi oedd yng ngofal 'y blodau'.

Gwyliau fyddai Dolgellau yn yr haf, ac weithiau Penrallt (Nanw) adeg y Pasg. Roedd Iola wrth ei bodd yn crwydro – 'Dewch i ni fynd i ben yr allt / i'r pwynt / rownd y gornel nesaf, i weld beth sydd yr ochr arall'. Roedd ganddi ddiddordeb ym mhopeth, yn enwedig pobl, planhigion a bywyd gwyllt. Unwaith neu ddwy trefnodd Glyn 'gyfnewid' gyda chlerigwyr eraill am bythefnos neu dair fel 'gwyliau' i Chard yng Ngwlad yr Haf, a Chilgwri. Erbyn hynny roedd wedi prynu Hillman Imp, felly buom yn fforio mewn car – yn ymweld ag eglwysi yn bennaf (i'm cof i). Ond roedd gan Iola a ninnau'r plant y traethau a'r llwybrau troed lleol i'w mwynhau drwy'r flwyddyn. Pan fyddai ei hwyrion yn eu tro yn ymweld â Saundersfoot bob haf, parhaodd i fwynhau'r gweithgareddau hyn gyda'r un egni a brwdfrydedd.

Gadawodd y plant y cartref fesul un – mi es i i ddysgu, yn gyntaf yn Keynsham, yna ar yr un pryd yn St Ursula's ym Mryste, lle roedd Anti Beryl hefyd wedi dysgu. Dechreuodd Rob weithio yn y National Provincial Bank yn Ninbych-y-pysgod, yna symudodd i'r gwaith ceir yn Longbridge, Birmingham, cyn sefydlu ei fusnes argraffu ei hun. Astudiodd Dewi bensaernïaeth ac yn fuan wedyn ymunodd â phractis pensaernïol yn Nigeria am bum mlynedd, yna sefydlodd ei bractis ei hun yn Abertawe ar ôl dychwelyd. Daeth Huw yn gynllunydd tref yn Chesterfield, yna daeth yn ôl i Gymru i ymuno â Chyngor Dinas Abertawe, cyn symud yn y pen draw i weithio yn Sir y Fflint.

Yr adeg yma yr aeth Iola a Glyn ar eu gwyliau mwyaf anturus – i Ogledd Nigeria i aros gyda Dewi am bythefnos. Gyrrodd Dewi nhw o gwmpas yr ardal leol ac uchafbwynt oedd Gwarchodfa Anifeiliaid Yankari lle gwelsant anifeiliaid mawr – yr eliffantod oedd y ffefrynnau. Roeddent yn gallu crwydro'n rhydd a siarad â›r bobl leol. Mae'n rhaid bod Iola yn ei helfen, roedd hi wedi ei swyno gan steiliau gwallt y merched ac eisiau iddyn nhw ddangos iddi sut oedden nhw'n llwyddo i'w gwneud. Cawsant wythnos yn Tunisia ar eu ffordd yn ôl.

Priododd y plant i gyd a chael plant eu hunain – cyfanswm o 10 o wyrion ac wyresau, ac roedd pawb yn mynd yn rheolaidd i ymweld a/neu aros gyda Iola a Glyn yn Saundersfoot, ac yn ddiweddarach St Florence. Roedd gan Iola rewgell lawn bob amser – tarten afal a chacen oedd y ffefrynnau. Dwi'n dal i fod yn llawn edmygedd. Roedd llawer o deithiau cerdded, picnics a gemau (dan do ac allan). Roedd Iola yn giamstar arnyn nhw – y rhai arferol ar y traeth wrth gwrs, croce ar lawnt Saundersfoot, rhai dan do – gwisgo i fyny, cwisiau, cardiau, ond yn well na dim Tip It,** oedd, mae'n rhaid, wedi tarddu o Ddolgellau.

Ymddeolodd Glyn yn 1980 ar ôl 25 mlynedd yn Saundersfoot, a symudodd ef ac Iola i fyngalo yn St Florence. Roedd yn fodern gyda gwres canolog, gyda gardd ddigon mawr ar gyfer llysiau a thŷ gwydr. Treuliodd Iola a Glyn ymddeoliad hir a hapus yno. Cawsant amser i fwynhau'r gweithgareddau lleol megis ffeiriau, gwyliau blodau, digwyddiadau yn neuadd y pentref, y clwb cinio, ac wrth gwrs roedd yr eglwys gerllaw. Am nifer o flynyddoedd buont yn nofio yn y baddonau yn Ninbych-y-pysgod, ac yn y môr yn yr haf.

Roeddent yn cerdded yn rheolaidd hefyd. Cafodd Iola deithiau cerdded cofiadwy gydag un neu fwy o'r plant/wyresau. Roedden nhw weithiau'n canfod eu hunain mewn corsydd, mieri, llifogydd (i fustachu drwyddynt gyda'u hesgidiau wedi'u tynnu) neu'n syml, dim arwyddion – felly fe fydden nhw 'ar goll'!

Yn y cyfnod yma roedden nhw'n gallu teithio. Roedd y ddau wrth eu bodd yn mynd ar wyliau. Glyn yn gyrru drwy Ffrainc ar daith o amgylch eglwysi cadeiriol enwog Ffrainc, teithiau i'r Eidal ac yna i Iwgoslafia. Roeddent yn mynd ar deithiau bws i Ewrop ac o fewn Prydain yn bennaf gyda chwmnïau lleol – mae 'Jones of Login' yn neidio i'r meddwl. Yn ddiweddarach, Iola oedd yr unig berson dwi erioed yn ei chofio oedd yn cael ei bywiogi gan a bod â gwir ddiddordeb mewn trafod ac edrych ar luniau gwyliau ei phlant, yn dangos eu teithiau a'u hanturiaethau i lefydd pellennig.

Dioddefodd Iola o ddirywiad macwlaidd yn ei golwg a waethygodd wrth iddi heneiddio. Pan nad oedd hi bellach yn gallu darllen roedd hi a Glyn yn arfer chwarae Scrabble, nes i hynny fynd yn rhy anodd hefyd. Dechreuodd ddioddef o ddementia, a allai gael ei reoli tra roedd Glyn yn fyw, ond wedi iddo farw yn ei gwsg ar Ionawr 28ain, 2009, dirywiodd pethau'n gyflym. Roedd hi'n gallu aros gartref gyda chymorth gan ofalwyr, ymweliadau gan y teulu a gyda chefnogaeth cymdogion caredig iawn nes, yn anochel, nad oedd hynny'n bosibl mwyach. Daeth i gartref gofal yn Abertawe lle roedd Rob, Dewi a minnau yn byw. Bu farw yn ei chwsg ar Fedi 12fed, 2014 yng Nghartref Gofal y Three Cliffs, yn edrych dros y môr i'r de a gyda Chefn Bryn y tu cefn i'r gogledd.

Roedd hi'n rhyddfrydwraig, ac yn credu mewn cydraddoldeb, gan gynnwys i ferched, ac yn falch o fod yn Gymraes. Roedd ganddi ffydd gref, roedd yn cyd-dynnu'n dda â phobl o bob cefndir heb wahaniaethu, roedd yn pryderu am les eraill ac roedd bob amser yn 'bwrw ymlaen â'r gwaith'. Roedd ei theulu yn bwysig iawn iddi ac roedd yn ymwneud yn egnïol â phob un o'r grwpiau oedran. Mae gan yr holl wyrion a'r gor-wyrion hanesion ac atgofion hapus amdani.

** Tip It Yn dilyn angladd Iola, aeth rhai o'r teulu i dafarn gyda'r nos. Roedden ni i gyd braidd â'n pennau yn ein plu, ac yn drist wrth sôn am Iola. Awgrymodd rhywun i chwarae Tip It. Dyna'r peth gorau y gallem fod wedi'i wneud - roedd yn gymaint o reiat ag erioed. Roedd hi yno yn chwarae efo ni. Dwi'n gobeithio iddo godi ei hysbryd gymaint ag y cododd ein hysbryd ni. Roedd yn ffarwel addas i ddynes wych.

Atgofion Robin...

Dechreuodd carwriaeth Mam a Dad mewn dawns yn Nolgellau; roedden nhw'n dawnsio gyda'i gilydd drwy'r nos. Fe dynnodd hynny sylw; y bore canlynol dywedodd ffrind iddi: "Fe wnest ti fwynhau dy hun neithiwr, fe wnest ti ddawnsio trwy'r nos gyda'r curad!", ac atebodd Mam "Beth ydi curad?"

"Hi oedd yr unig ferch i mi fod ei heisiau erioed," meddai Dad.

Byddai Dad yn mynd draw i alw amdani yn Siop Newydd a byddent yn gwneud cylchdaith o amgylch y strydoedd cefn, mwy na thebyg yn cynnwys Love Lane. Byddai Taid yn aros amdanynt wrth y drws – dim ond i wneud yn saff bod mam yn cyrraedd adref yn ddiogel!

Roedd 'na dipyn o wahaniaeth rhwng Mam a Dad. Roedd Dad yn bwyllog ac yn fwy difrifol tra bod Mam yn ei helfen pan oedd siawns o antur; roedd hyn yn creu cydbwysedd braf. Amlygir hyn yn berffaith yn yr hanes canlynol.

Roedd penblwydd mam yn agosau, ac roedd trefniadau wedi eu gwneud ar gyfer dathliad yng nghartref Huw yn Llandyrnog. Roedd hyn i gyd yn gyfrinachol ac roedd Mam a Dad yn mynd i aros hefo fi yn Llandrindod; roedd Dad yn rhan o'r gyfrinach.

Es i lawr i St Florence ac aros y noson hefo nhw, a'r bore wedyn llwythwyd eu bagiau i mewn i'r car ac i ffwrdd â ni. Roedd y tywydd yn braf iawn a meddyliais y byddai'n braf gwneud ychydig o anturio ar y ffordd. Yn hytrach na chroesi'r bont i Lanymddyfri troais i'r chwith gan fwriadu croesi pont lai i fyny'r afon er mwyn mynd heibio Llyn Brianne ac i lawr y 'Devils Staircase'. Dyna lle'r oedden ni'n sgwrsio, yn chwerthin ac yn cael amser da'n gyffredinol, cymaint nes i ni fethu'r bont.

Roedd Dad yn anesmwytho ond roedd Mam yn cael amser gwych yn cael bod yn rhywle nad oedd hi erioed wedi bod o'r blaen. "Dw i'n meddwl ein bod ni'n mynd y ffordd anghywir," meddai Dad. Ond ymlaen aethon ni – roedd hyn yn hwyl!

Ar ôl tipyn roedd Dad yn edliw: "I gyrraedd Llandrindod dylai'r haul fod y tu ôl i ni, onid ydach chi'n meddwl?" Roedd yn rhaid i mi ildio a throi'n ôl. Byddai mam wedi bod yn hapus i ddal ati. Daethom o hyd i'r bont; sut y gallem fod wedi ei methu? Cawsom olygfeydd da o Lyn Brianne, mynd yn ofalus i lawr y 'Devils Staircase' a chyrraedd Llandrindod mewn pryd i gael paned.

Y diwrnod canlynol mi wnes i dynnu sylw Mam tra roedd Dad yn rhoi'r cesys yn y car ac yn ddiweddarach aethon ni am dro, tro llawer hirach nag oedd hi'n disgwyl ond roedd hi'n mwynhau pob munud. Roedd hi'n wen o glust i glust pan gyrhaeddon ni dŷ Huw.

Yn ystod cyfnod eu Teithiau Ewropeaidd fe gawson nhw eu hunain yn Rhufain, dyn â ŵyr sut wnaethon nhw gyrraedd yno a sut wnaeth Dad ymdopi â thraffig Rhufain. Roeddent wedi bod am ddiwrnod allan ac wedi dychwelyd i'r sgwâr lle byddent fel arfer yn parcio eu car. Roedd pobl yn cylchu o'u cwmpas ac yn parablu'n gyffrous. Doedden nhw ddim yn medru deall gair, felly fe wnaethant eu hanwybyddu a mynd i mewn i'w gwesty. Cawsant bryd o fwyd braf ac aethant i'r gwely, heb os nac oni bai wedi blino'n lân ar ôl diwrnod prysur. Dychmygwch eu syndod wrth edrych allan o'u ffenest yn y bore. Roedd eu car yng nghanol marchnad brysur! Mi wnaethant adrodd yr hanes yma droeon gyda Mam yn chwerthin yn hapus bob tro!

Roedd arian yn dynn yn Saundersfoot gyda phedwar o blant newynog i'w bwydo. Wrth i'r diwydiant twristiaeth ddechrau ffynnu, fe benderfynon nhw roi cynnig ar wely a brecwast. Dechreuodd yn araf, ond yn raddol bu'n rhaid gwagio'n hystafelloedd i wneud lle i'r gwesteion. Roedd Rhian a fi, ac weithiau Nina y ci tarw, yn cysgu mewn pabell yn y cae, Dewi a Huw yn y bwtri a Mam a Dad yn y stafell chwarae. Roedd yn amlwg yn llwyddiant a phenderfynodd Mam gynnig prydau nos. Archwiliodd y llyfrau ryseitiau am syniadau ar gyfer prydau bwyd ac roedd yn rhaid iddynt gael eu profi. Doedd hyn ddim yn broblem i Mam, roedd hi'n gogyddes naturiol ac roedden ni i gyd wrth ein bodd i fod yn destun ei harbrofion. Roedd ei tharten cyflaith menyn riwbob yn wirioneddol flasus. Mae'n rhaid eu bod wedi cynnal y gwely a brecwast am dros 20 mlynedd.

Wrth i'r blynyddoedd dreiglo, cynyddodd yr amheuon ei bod yn dioddef o ddementia. Roeddwn i wedi dechrau mynd â nhw i siopa bob dydd Iau ac ar y daith byddai Mam yn gofyn sawl tro os oedd y rhestr ganddon ni. Wnes i erioed drafod hyn gyda Dad er i mi ddal ei lygad unwaith a sylweddoli ei fod yn gwybod. Roedd wedi dechrau gwneud posau croesair hefo Mam fel ffordd o ymarfer ei meddwl a thra'r oedd yn fyw, dwi'n meddwl bod ei bresenoldeb wedi ei hatal rhag gwaethygu. Roedd colli Dad yn ergyd fawr iddi; ni allai gofio iddo farw ac ni allai yn ei byw â gweithio allan ble'r oedd. Roedd y cyfan yn drist iawn. Nid oedd llawer o'r pethau y gallech eu gwneud fel arfer i'w diddanu yn addas o gwbl. Doedd dim pwynt darllen llyfr iddi oherwydd pan aech yn ôl ato ar yr ymweliad nesaf, roedd hi wedi anghofio popeth. Ond roedd ganddi synnwyr digrifwch hyfryd a gwerthfawrogiad o'r abswrd.

Mi darais ar y syniad o ddarllen peth o farddoniaeth Edward Lear iddi, roedd *The Owl and the Pussycat* a *The Jumblies* yn ffefrynnau mawr, ac roedd yn wefr wirioneddol pan ddechreuodd ymuno hefo geiriau olaf y llinellau. Bryd hynny datblygodd yn fwy na darllen yn unig; roeddem yn cael mwynhad gyda'n gilydd.

Tua'r diwedd bu cyfnod pan oedd hi'n encilgar iawn. Am tua thair wythnos ni agorodd ei llygaid a doedd dim llawer o gyfathrebu. Yna un diwrnod es i i'w gweld ac roedd ei llygaid yn llydan agored a bron yn pefrio. Cawsom sgwrs anhygoel! Roedd fel pe na bai yna ddementia o gwbl. Roedd yn hollol anhygoel ac fe wnaeth fy nghalonogi'n fawr. O fewn ychydig ddyddiau roedd hi wedi mynd. Soniais am hyn wrth un o'r staff a dywedodd wrthyf nad oedd hyn yn anarferol tua'r diwedd. Dwi'n ddiolchgar fy mod i yno.

Atgofion Richard...

Wn i ddim pam, ond roeddwn i bob amser yn meddwl mai Iola oedd y mwyaf 'laid back' o'r chwiorydd. Yn sicr dwi'n meddwl bod perthynas ychydig yn wahanol rhwng y dair ieuengaf (Iola, Hilda a Beryl) na'r lleill.

Buom yn ymweld ag Iola, Glyn a'r teulu yn Saundersfoot bron bob haf, weithiau yn syth ar ôl ein taith flynyddol i Ddolgellau. Roedd yn ymddangos i mi bod y ficerdy yn lle hudolus, wedi'i dorri i ffwrdd rywsut oddi wrth weddill y byd. Roedd Glyn yn cadw gwenyn a chanddo ardd gegin; buom yn hel madarch yn y cae y drws nesaf i'r ficerdy, roedd lawnt croce, adeiladau allanol gyda gwenoliaid ynddynt, cegin gyda cherrig llechi a dreif oedd yn mynd yr holl ffordd o amgylch y ficerdy.

Mi ges ganiatad i fenthyg y llyfrau a adawyd ar ôl gan Rhian, ac roedd Robin (Dewi a Huw) yn dal gartref yn ystod y rhan fwyaf o'n hymweliadau. Dwi'n cofio eistedd ar y grisiau llydan yn darllen *Swallows and Amazons*. Yn Saundersfoot y gwnes i ddarganfod Arthur Ransome.

Atgofion Huw...

Roedd bywyd gartref fel plentyn hefo mam yn ymddangos yn syml bryd hynny gydag agosrwydd, cynhesrwydd, a digon o hwyl. Roedd hi wrth ei bodd yn chwarae gemau a byddai'n chwerthin yn aml. Byddai hi'n achub yr holl jôcs o gracyrs Nadolig a, flynyddoedd lawer yn ddiweddarach, byddent yn ailymddangos. Byddai hi hefyd yn lapio pethau gwirion yn anrhegion Nadolig fel ciwb bath sengl, gwniadur, batri wedi darfod neu fag te mewn haenau a haenau o bapur, felly er nad oedd oriawr Rolex byth yn ymddangos, byddem serch hynny yn rowlio chwerthin, hyd yn oed pan gaem yr un peth y Nadolig nesaf.

Roedd mam yn gogydd gwych a dysgais lawer yn ei gwylio a'i helpu yn y gegin, yn enwedig pan oeddem yn gwneud cyffug, taffi triog a melysion hufen mintys! Roeddem yn ffodus bod dad yn arddwr mor frwd, ac roedd bob amser gynnyrch ffres i'w gasglu a'i goginio. Nid yn unig cinio dydd Sul a chinio Nadolig ond hefyd yr 'ecsotig' fel cyri hefo syltanas a kedgeree! Roedd mam yn rhagori ar bobi a gwneud pwdinau fel crymbl mwyar duon ac afal newydd eu casglu, a phwdin haf gyda'r bara yn soeglyd gan gyrens duon a chochion a mafon o'r ardd. Mae'r saws gwsberis siarp i fynd gyda macrell ffres bob amser yn aros yn fy nghof, a dydw i erioed wedi'i gael ers hynny. Mae arna i ddyled fawr i mam am fy niddordeb mewn coginio a mwynhau bwyd (ac i dad am win a ddechreuodd fel gwin cartref mwyar duon, mwyar ysgawen a blodau ysgawen y byddai Nain yn ei yfed oherwydd nad oedd hi'n meddwl ei fod yn alcoholig!).

Roedd Dad yn eithaf llym a threuliai'r rhan fwyaf o'r amser (pan nad oedd yn yr ardd) yn ei stydi, ond roedd Mam yn llawer mwy hamddenol. Byddem yn gwneud pethau gyda'n gilydd yn yr ystafell gegin fyw yn gwrando ar yr *Archers* a'r *Navy Lark*. Byddem yn rhuthro adref o'r eglwys ar ôl hwyrol weddi'r Sul i wrando ar Simon Templar – *The Saint* cyn swper. Pan gawson ni deledu roedd hi wrth ei bodd yn gwylio rhaglenni fel *Maigret* a *Sherlock Holmes* (oedd gymaint yn well mewn du a gwyn). Byddai hi hefyd yn gwylio *Top of the Pops* hefo fi (dwi ddim yn meddwl bod Dad yn cymeradwyo), a dyna mae'n debyg pam roedd hi'n cymryd mwy o ddiddordeb pan o'n i'n chwarae mewn band (nad oedd Dad yn ei gymeradwyo chwaith!). Byddai'n ein clywed yn ymarfer, ac un o'i ffefrynnau oedd *Walking The Dog* a ganai'n frwd wrth wneud rhyw fath o ddawns tebyg i jig.

Byddai hi hefyd yn fy helpu gyda fy llinellau ar gyfer dramâu ysgol trwy ddarllen y rhannau eraill ac roedd wrth ei bodd yn dod i'r perfformiadau. Rwan roedd Dad yn cymeradwyo hyn, yn enwedig pan oeddwn i'n chwarae rhan y pregethwr yn *How Green Was my Valley*.

Pan oedd hi'n gynnes yn yr haf byddwn yn dod oddi ar y bws ysgol yn Saundersfoot ac yn cerdded draw i draeth Coppet Hall, lle byddai mam a dad yno gyda phicnic – brechdanau jam cyrens duon, bara brith a lemonêd cartref.

Yn y blynyddoedd diweddarach byddai'r teulu cyfan yn dod at ei gilydd ar adeg penblwydd Mam ym mis Awst, ac roedd mam a dad wrth eu bodd yn cael bod gyda'r wyrion a'r wyresau i gyd. Fe wnaeth y dyddiau dreuliwyd yng Nghastell Carreg Cennen, pentref Oes Haearn Castell Henllys yn y Preselau, ac yn olaf ym Mhortmeirion, lenwi mam a dad gyda chymaint o lawenydd, ac maen nhw'n dal i gynnal atgofion mor werthfawr i ni. Dwi'n gweld eisiau ei chariad a'i chynhesrwydd, y synnwyr digrifwch drygionus hwnnw gyda'r fflach yn ei llygaid a'i gwen ddireidus.

Hilda

Geni: Gorffennaf 25, 1921, un ai Victoria House neu Siop Newydd, Dolgellau,
Marw: Mawrth 7, 2019, Ysbyty Gwynedd, Bangor,
Priodi: Mihangel Williams, 1947
Plant: Byron, Gwylan

Atgofion Gwylan...

Hilda oedd y seithfed o'r wyth merch, yr un ganol o'r 'dair fach'.

 Addysg: Ysgol gyntaf Hilda oedd yr Ysgol Feithrin ar Ffordd Pont yr Aran. Ei hathrawes gyntaf oedd Miss Lewis a adawai iddynt chwarae mewn pwll tywod, a'i hail oedd Miss Williams, chwaer y Fferyllydd, a ddangosodd 'beintio hud' iddynt. Yna aeth i'r Ysgol Sir a oedd dros Bont y Rheilffordd ac i fyny'r allt, heibio'r Ysgol Genedlaethol.

 1932: Carnifal y 'Rose Queen'. Pleidleisiodd holl ddisgyblion yr Ysgol Sir a'r Ysgol Genedlaethol dros bwy y dymunent i fod yn Rose Queen, un i'w dewis o'r naill ysgol a'r llall bob yn ail flwyddyn. Cafodd Hilda ei synnu a'i chyffwrdd yn arw i gael ei dewis. Benthycwyd coets a cheffylau o Gaerynwch, a'u haddurno'n hyfryd ar gyfer y digwyddiad. Coronwyd hi gan Miss Nightingale, prifathrawes Ysgol Dr Williams. Teimlai Hilda fod hyn yn anrhydedd mawr. Cyflwynwyd anrhegion iddi fel blwch o gyllyll a ffyrc, addurniadau, modrwyau serviette a setiau criwet... a hithau'n 11 oed! Cawsant eu trysori ac mae llawer ohonynt gennym o hyd. Roedd Hilda yn fach am ei hoedran, fel y dengys y lluniau.

 Yn ddiweddarach y flwyddyn honno, symudodd Hilda i Ysgol Dr Williams. Roedd hi'n caru ei hamser yno. Roedd bob amser yn swnio fel hwyl pan soniai hi am y cyfnod; digon o weithgareddau awyr iach a chwaraeon fel pêl-rwyd a thenis. Roedd hi'n cerdded neu seiclo adref i Siop Newydd am ginio bob dydd.

Roedd Miss Nightingale yn amlwg yn brifathrawes ysbrydoledig. Yr unig siom a gafodd Hilda yn ystod y cyfnod hwn o'i bywyd oedd iddi ddod yn amlwg iddi nad oedd wedi'i chlustnodi ar gyfer coleg. Roedd hyn yn groes i'w chwiorydd hŷn ac iau; o bosib bod costau yn ffactor? Beth bynnag, penderfynodd y byddai'n sicrhau bod ganddi gymwysterau a sgiliau a fyddai'n ei rhoi mewn sefyllfa dda i fedru ennill bywoliaeth gyson i'w hun.

Yn rhyfeddol, nid oedd cyfle i ddysgu sgiliau teipio yn Dr Williams, felly trefnodd Hilda gyda phrifathro ysgol arall yn Nolgellau y gallai fynychu gwersi teipio yno bob wythnos. Dysgodd hi law-fer i'w hun hefyd. Roedd y sgiliau hyn o fudd gwirioneddol iddi yn y blynyddoedd i ddod.

Roedd ei bywyd y tu allan i'r ysgol yn llawer o hwyl hefyd. Roedd yna aml bicnic teuluol (weithiau aent i fyny at fferm o'r enw Hywel Dda lle'r oedd ffrind iddi yn byw), tripiau i'r traeth yn y Bermo (lle roedd Tada, ei thad, yn arfer chwarae bowls tra'r oedd y teulu'n mynd ar y traeth), teithiau cerdded o gwmpas yr ardal leol, dringo Cader Idris a gwyliau seiclo gyda'i chwiorydd. Pan oedd ychydig yn hŷn, dechreuodd fynd i'r dawnsiau wythnosol yn Neuadd Idris. Roedd hi wrth ei bodd yn dawnsio ac roedd hi wrth ei bodd â cherddoriaeth glasurol, gan gynilo ar gyfer prynu recordiau (78au wrth gwrs) i'w chwarae ar y gramoffon.

Fel rhai o'i chwiorydd, roedd hi'n chwarae'r piano, ac hefyd yr acordion! Anogwyd y merched i wneud eu dillad eu hunain ac, yn ogystal â'i ffrogiau ar gyfer y dawnsiau wythnosol, gwnïodd Hilda lawer o'i dillad ei hun...ffrogiau, blowsys... a siorts! Roeddwn i wastad yn cael yr argraff bod merched Siop Newydd yn dorf hwyliog, braidd yn 'tomboyish' efallai?

Blynyddoedd y Rhyfel: Roedd Hilda yn 18 oed pan ddechreuodd y rhyfel. Bu'n gweithio mewn swyddi ysgrifenyddol yn Swyddfeydd y Cyngor yn Nolgellau, ac yn y National Provincial Bank yn Nhywyn.

Pan oedd galwad am wirfoddolwyr i fynd i Lundain i helpu gydag ymgilio plant i ddiogelwch cymharol cefn gwlad, roedd Hilda a ffrind, y ddwy yn dal yn eu harddegau, wedi'u ffieiddio gymaint gan yr ymateb gwael yn Nolgellau nes iddynt fynd eu hunain. Roedd hi'n cofio llochesu yn ngorsafoedd yr Underground, a'r daith anodd tuag adref gyda theuluoedd ifanc.

Pan ddaeth y cyflenwad llaeth i'r babanod i ben, cawsant y weledigaeth i ffonio gorsaf Dolgellau rhag blaen i drefnu bod caniau o laeth ffres yn barod yno ar gyfer y daith ymlaen ar hyd Arfordir y Cambrian.

Derbyniodd Hilda wys ar gyfer gwasanaeth milwrol, ac aeth i'r swyddfa recriwtio. Tra'r oedd yno, gwelodd bosteri yn gofyn am wirfoddolwyr ar gyfer Byddin Dir y Merched, a gwirfoddolodd ar eu cyfer yn y fan a'r lle. Ei swydd gyntaf oedd ar Fferm Bryngo yn Llanfairpwllgwyngyll ar Ynys Môn. Ym Mryngo, roedd hi a thair o Ferched y Tir arall yn byw mewn bwthyn carreg cyntefig, heb gyflenwad dŵr na thrydan. Ei dyletswyddau'n bennaf oedd gyrru fan y fferm i ddosbarthu'r rownd laeth yn Llanfairpwll a Bangor, gan gynnwys yr hen Ysbyty C&A (lle saif Morrisons heddiw).

Roedd y llaeth i'r ysbyty yn cael ei ddosbarthu mewn caniau mawr; ac roedd hi'n llwyddo, cael a chael, i fedru eu trin, er mawr syndod i borthorion yr ysbyty a gymerent yn ganiataol ei bod yn rhy wan gan ei bod yn eithaf bach! Yn ystod ei rownd, daeth i adnabod y bobl leol a chyn hir cafodd wahoddiad i fynd i Ael y Bryn yn Llanfairpwll unwaith yr wythnos i gael bath. Roedd hi'n aml yn meddwl tybed pam nad aeth hi a'r merched eraill i fyw i Hostel Byddin y Tir i lawr y ffordd ym Mhorthaethwy, lle roedd ganddyn nhw 'mod cons'.

Yn ddiweddarach, yn dal yn ystod y Rhyfel, cafodd ei chlustnodi ar gyfer dyletswyddau rheoli plâu yn ôl yn Sir Feirionnydd. Daeth yn hyddysg iawn yn y maes, er gwaethaf cael peth anhawster i berswadio'r ffermwyr ei bod yn gwybod am beth roedd hi'n siarad. Ni fyddent yn fodlon derbyn bod gan eu fferm nhw lygod mawr, wir! Ond serch hynny, byddai hi'n gwybod eu bod nhw yno oherwydd iddi ddatblygu greddf i'w darganfod a, gyda chymorth daeargi cydweithiwr, roedd hi'n gallu profi ei phwynt dro ar ôl tro. Mae llythyr at Hilda oddi wrth Fyddin Dir y Merched, dyddiedig Awst 23ain 1944 yn nodi "Roedd y Pwyllgor yn falch iawn bod Gwirfoddolwr Ardal Gogledd Cymru wedi ennill clod neilltuol i'w hun drwy ennill y marciau uchaf hyd yma yn Adran Plâu y Profion Hyfedredd, yr uchaf yn y wlad gyfan."

Ar ôl y Rhyfel: Yn ystod 1947, roedd Hilda unwaith eto yn gweithio yn y banc yn Nhywyn, a byddai'n galw'n aml yn nhŷ ei chwaer hynaf Phyllis yn Llwyngwril ar ei ffordd adref i Ddolgellau. Un diwrnod atebodd y drws i'r curad lleol a benodwyd yn ddiweddar, Mihangel Williams, a syrthiodd, yn ôl ei adroddiad ef o'r digwyddiad, mewn cariad â hi ar yr olwg gyntaf. Disgrifiodd hi fel 'gweledigaeth o hyfrydwch wedi'i fframio yn y drws'.

Pan wnaethon nhw ymweld â theulu Mihangel ar y fferm yng nghefn gwlad De-Orllewin Cymru am y tro cyntaf, aeth Hilda â'i gwaith gweu gyda hi. Roedd hi'n digwydd bod yn gweu bicini ar y pryd … mae'n debyg nad oedd hynny wedi gwneud argraff arbennig ar y teulu yng nghyfraith!

Priododd y ddau ar Dachwedd 4ydd 1947 yn Eglwys Dolgellau, Hilda wedi ei derbyn erbyn hynny yn aelod o'r Eglwys yng Nghymru; cam mawr a hithau wedi cael ei magu yn Fedyddiwr pybyr yng Nghapel Jwda. Yn ffodus roedd ei chwaer hŷn, Iola, wedi priodi curad hefyd, felly efallai nad oedd yn gymaint o sioc i'r teulu y tro hwn.

Bywyd priodasol: Y cartref priodasol cyntaf oedd Y Persondy yn Fairbourne lle buont yn byw am bron i chwe mlynedd, ac yn ystod y cyfnod hwnnw ganwyd eu plant, Byron a Gwylan (fi), ym 1949 a 1952 yn y drefn honno. Roeddent yn amlwg yn boblogaidd gyda'r plwyfolion a ddangosent eu gwerthfawrogiad mewn ffyrdd ymarferol iawn… mae'r ddau gwpwrdd llyfrau Minty hyfryd gennym o hyd. Cyflwynwyd y rhain iddynt 'fel arwydd o gyfeillgarwch gan eu ffrindiau yn y Friog a Fairbourne' pan adawsant Fairbourne am Ynys Môn ym mis Gorffennaf 1953.

Bryd hynny, roedd Hilda wedi cael diagnosis o dwbercwlosis. Roedd unedau sgrinio symudol ar y pryd, ac roedd hi wedi mynd draw am archwiliad oherwydd ei bod yn dioddef o flinder eithafol. Golygodd hyn iddi gael ei derbyn yn syth i'r ysbyty yn Llangefni am fisoedd lawer o gaethiwed a thriniaeth, tra symudodd Mihangel i'r Rheithordy, Llansadwrn, ar ei ben ei hun gyda dau o blant bach, dim math o drafnidiaeth a dim trydan! Mae'n rhaid ei bod yn gyfnod anodd iawn, ac roedd hi'n dweud yn aml ei bod hi'n poeni'n barhaus am y teulu a sut roedd Mihangel yn ymdopi.

Daeth Nain i aros o Ddolgellau er mwyn gofalu amdanaf, babi naw mis oed ar y pryd, ac roedd Anti Nancy, chwaer Mihangel, yn gofalu am Byron, pedair oed, yn ei chartref ym Mhenrhiwllan, de orllewin Cymru. Dyna ble y dechreuodd Byron yr ysgol, yn Aberbanc gerllaw.

Unwaith iddi wella, daeth Hilda adref i'r Rheithordy a fyddai'n parhau'n gartref i'n teulu nes iddynt adael ar ymddeoliad Mihangel yn 1982. Roedd Rheithordy Llansadwrn yn lle hyfryd i dyfu i fyny ynddo, yn faes chwarae enfawr o'n rhan ni'r plant, ac roedd ein ffrindiau'n mwynhau ymuno â ni i archwilio'r atigau a'r seleri a rhedeg i fyny ac i lawr y grisiau niferus. Dangosodd Hilda i ni sut i lithro lawr canllawiau'r grisiau! Roedd hi'n hwyl. Bu'n gyfnod prysur, yn magu teulu ifanc, yn wraig i'r Rheithor, yn cymryd rhan mewn gweithgareddau lleol megis cael ei phenodi'n Ysgrifennydd Sefydliad y Merched Llansadwrn. Ym 1953 neilltuwyd dwy eglwys arall i Mihangel, sef Llanddona a Llaniestyn.

Hefyd, ym 1953 gofynnwyd iddo sefyll etholiad ar gyfer Cyngor Sir Ynys Môn. Ymunodd ac arhosodd ar y Cyngor am fwy na 30 mlynedd, a chael ei benodi i rolau arwyddocaol yn enwedig yn y Gwasanaethau Cymdeithasol ac fel Cadeirydd y Cyngor. Felly, aeth bywyd yn y Rheithordy yn brysurach ac yn brysurach. Cafodd Hilda ei hun yn mynychu digwyddiadau cymdeithasol yn rheolaidd, ac yn cynnal achlysuron cymdeithasol yn y Rheithordy hefyd. Cawsom ni'r plant ein recriwtio i gario hambyrddau o 'canapes' ar hyd y coridorau o'r gegin oer a rhewllyd i'r lolfa gynnes lle cai'r gwesteion eu diddanu. Tŷ oer oedd y Rheithordy. Nid oedd cyflog Offeiriad Plwyf yn ymestyn hyd at wres canolog!

Wrth gwrs, mae'n rhaid bod arian wedi bod yn dynn, gan fod cyflog Offeiriad Plwyf yn isel a gwaith y Cyngor yn wirfoddol bryd hynny. Roedd yn rhaid i'r Rheithordy dalu tuag at ei gynnal a'i gadw, felly dechreuom gadw pobl ddiarth oedd ar eu gwyliau, ac roedd hynny'n mynd â'n holl ystafelloedd gorau bob haf. Mi symudon ni i mewn i'r ystafelloedd cefn a daeth y pantri yn gegin i ni. Hefyd, roedd Mihangel yn cadw gwartheg a defaid ar y pum erw o dir llan.

Pan oeddem yn ein harddegau, dychwelodd Hilda i weithio. Roedd cael sgiliau ysgrifenyddol yn golygu ei bod yn dod o hyd i waith yn hawdd. Bu'n gweithio yn swyddfa Penseiri Ap Thomas ym Mangor, a hefyd i swyddfeydd y Bwrdd Iechyd Lleol yng Nghae Mawr. Roedd hi'n mwynhau'r annibyniaeth o gael ei swydd ei hun, ac yn enwedig o allu cael ei char ei hun.

Roedd Hilda wrth ei bodd â gwyliau. Doedden ni ddim wedi cael llawer fel teulu;

fel arfer roeddem yn ymweld â theulu Hilda yn Nolgellau a theulu Mihangel ym Mhenrhiwllan yn ystod gwyliau ysgol.

Roedden ni wedi bod i Butlin's ddwywaith, unwaith i Bwllheli ac unwaith i Skegness. Dwi'n meddwl bod Mihangel yno fel Caplan felly efallai'n bod wedi cael gwyliau 'am ddim'.

Ar ddiwedd y chwedegau, wrth i wyliau pecyn ddod yn fwy a mwy poblogaidd a haws i'w cyrchu, buan y daeth Hilda yn ymwelydd cyson â'r Asiantaeth Deithio ym Mhorthaethwy, gan arfogi ei hun â phamffledi cyn gynted ag y byddent yn cyrraedd a'u hastudio'n drylwyr am wythnosau dibendraw, gan ddadansoddi'n ofalus pa wyliau fyddai orau ar eu cyfer. Nid oedd Mihangel yn gwirioni ac yn wir fe wrthwynebodd am flynyddoedd lawer.

Ym 1969, penderfynodd Hilda na allai aros ddim hwy, ac fe archebodd wythnos iddi ei hun yng Ngwesty Bahia ar arfordir gogleddol Majorca. Roedd hyn yn ddigon i syfrdanu Mihangel i gytuno i ymuno â hi bob blwyddyn wedi hynny, ac roedd y ddau wrth eu boddau â'u hymweliadau niferus â'r hen Iwgoslafia ac â Bwlgaria, yr Eidal, Ibiza ac ati dros y blynyddoedd.

Yn ystod yr 1980au, ar ôl ymddeol, rhwystrodd iechyd Mihangel ef rhag hedfan, a chymerais yr awenau fel cydymaith gwyliau blynyddol Hilda. Cawsom amseroedd gwych. Roedd hi'n gymaint o hwyl, bob amser yn awyddus i archwilio a phrofi pethau newydd. Yn wir, dwi'n cofio gorfod ei hatgoffa pan oedd yn ei saithdegau hwyr fod ganddi gefn drwg ac efallai na fyddai barcuta yn syniad mor dda!

Mantra a ailadroddid yn aml gan Hilda oedd "Ewch tra medrwch chi", ac roedd hi bob amser yn annog teulu a ffrindiau i fynd ar wyliau ac archwilio cyfleoedd cyffrous. Roedd hi'n reddfol gadarnhaol fel person, ac yn ei chael hi'n anodd deall negyddiaeth a phesimistiaeth mewn eraill, hyd yn oed pobl oedd yn cwyno am y tywydd..

Ymddeoliad: Ymddeolodd Mihangel yn 1982 felly wrth gwrs bu'n rhaid iddynt adael y Rheithordy. Parhaodd Hilda i weithio am rai blynyddoedd, a pharhaodd Mihangel gyda'i waith Cyngor. Roedd Hilda yn arbennig o hapus i edrych ymlaen at fyngalo cyfleus braf er bod Mihangel, y mwyaf rhamantus a lleiaf ymarferol o'r ddau, yn gadael gyda mwy o gyndynrwydd ac yn gweld eisiau'r olygfa wych o fynyddoedd Eryri yr oeddem wedi'i mwynhau drwy gydol ein hamser yn Llansadwrn.

Yn gyson gall, llywiodd Hilda'r chwilio am dŷ'n y fath fodd ag i sicrhau eu bod yn symud i fyngalo braf yn Llanfairpwll, rownd y gornel o siop a becws ardderchog ac ar lwybr bws rheolaidd. Mi wnaethant ymgartrefu'n dda yn Y Fedwen, gan fynychu eglwys leol y Santes Fair ac ymuno â'r fflyd o glerigwyr wedi ymddeol a oedd yn byw yn Llanfairpwll ar y pryd, cymaint nes y cyfeiriwyd at y lle fel y Ddinas Sanctaidd.

Erbyn hyn, roedd Byron a'i wraig Marilyn wedi dychwelyd i Fôn i fyw ac wedi ymgartrefu yn Nhalwrn. Yn ystod yr 1980au ganed eu tair merch, Anna Haf, Mari Hedd a Sara Mai. Gwelodd y merched lawer o'u Nain a'u Taid, yn aml yn cael eu casglu ar ôl ysgol i fynd am de yn Y Fedwen.

Bu farw Mihangel ym 1990, yn dioddef o broblemau resbiradol oherwydd oes o ysmygu ei Woodbines hoff. Arhosodd Hilda yn Y Fedwen am 23 mlynedd arall. Roedden ni'n parhau i fynd yno ar wyliau bob blwyddyn, ac roedd hi'n ymweld â mi yng Nghaerdydd, weithiau ar y trên, weithiau ar fws Trawscambria ac unwaith neu ddwy mewn awyren o Faes Awyr y Fali. Roedd hi wrth ei bodd yn treulio amser yn Nhalwrn gyda'r teulu, a buan iawn y daeth ciniawau dydd Sul yn achlysur rheolaidd.

Treuliodd Byron lawer o amser gyda'i fam er gwaethaf ei waith hynod brysur a chyfrifol fel Cyfarwyddwr Gwasanaethau Cymdeithasol a Thai Ynys Môn. Roedd yn ei gweld yn gyson ar ddydd Sadwrn yn ogystal â dydd Sul, ac roedd yn ffrind ac yn gefn mawr iddi. Yn anffodus, yn 2008, bu farw Byron yn sydyn oherwydd strôc. Nid oedd ond 58 mlwydd oed. Roedd ei golled yn enfawr i bob un ohonom, ac wrth gwrs newidiodd ein bywydau yn sylweddol.

Symudais i'n ôl i Ynys Môn o Gaerdydd, a dwy flynedd yn ddiweddarach llwyddais i fanteisio ar gyfle am ymddeoliad cynnar o Amgueddfa Cymru, lle roeddwn yn gweithio ers 32 mlynedd. Treuliodd Hilda a minnau lawer o amser gyda'n gilydd, ac roedd ganddi ddiddordeb mawr yn fy mhrosiect i adnewyddu hen Dŷ Capel yn Nhynygongl. Roedd hi'n llawn anogaeth ac yn ddoeth yn ei chyngor.

Roedd ar Hilda ofn colli ei golwg fel y gwnaeth ei mam, ein Nain, a nifer o'i chwiorydd. Yn anffodus, fe ddigwyddodd iddi hithau hefyd oherwydd Dirywiad Macwlaidd. Yn hollol nodweddiadol ohoni, fe wnaeth hi ymdopi'n dda. Ymunodd â'r Grŵp Dirywiad Macwlaidd lleol a manteisiodd ar y cyfle i gwrdd â ffrindiau newydd ac i elwa o unrhyw gyngor ac arweiniad a gynigid trwy Gymdeithas Deillion Gogledd Cymru.

Cynigiwyd triniaeth newydd iddi a oedd yn golygu dioddef pigiad trwy gannwyll y llygad. Roedd dim ond meddwl am y peth yn fy nychryn, a gofynnais iddi sut y gallai wynebu'r fath beth. Roedd ei hymateb yn syml… "Os ydi Duw yn rhoi cyfle i ti, mi ddylet ti ei gymryd o."

Erbyn hyn, roedd Hilda yn cael ei chefnogi gartref gan ymweliadau dyddiol gan Ofalwyr, pob un ohonynt yn datblygu'n gyfaill iddi a hithau'n cymryd diddordeb mawr yn eu bywydau. Yn ddieithriad roedden nhw'n dewis ymweld â hi'n olaf, er mwyn iddyn nhw gael amser am sgwrs dda ac i elwa o'i chyngor doeth dros baned o de!

Yn 2013, bu tân yn Y Fedwen. Dihangodd Hilda yn ddianaf ond yn anffodus difrodwyd y tŷ a'i gynnwys yn sylweddol. Collwyd y rhan fwyaf o'i eiddo materol, a bu'r tŷ yn anaddas i fyw ynddo am fisoedd lawer. Yn nodweddiadol, llwyddodd Hilda i ymdopi'n stoicaidd. Dechreuodd fyw dros dro yn Haulfre, cartref gofal lleol, tra bod y gwaith atgyweirio ar Y Fedwen yn mynd rhagddo. Roedd wrth ei bodd yno ac o fewn ychydig wythnosau, ar ôl ystyried ei hopsiynau, gofynnodd Hilda a oedd yn bosibl iddi aros yn Haulfre am gyfnod hirdymor. Felly, daeth Haulfre yn gartref iddi. Roedd hi'n hapus iawn yno, yn mwynhau'r cwmni ac yn gwerthfawrogi'r gofal 24 awr yn fawr iawn. Fe'i galwai yn 'westy pum seren'!

Roedd teulu a ffrindiau yn ymweld â hi yn rheolaidd. Roedd hi bob amser yn hapus i'w gweld a bob amser yn hapus i fynd am daith yn yr awyr iach. Erbyn hyn roedd y tair wyres, sef Anna Haf, Mari Hedd a Sara Mai, i gyd yn briod. Mynychodd Hilda bob un o'r priodasau, gan wisgo mor drwsiadus ag erioed, a mwynhaodd bob achlysur yn fawr. Ymwelai'r merched â hi yn aml, fel y gwnai ei gorwyrion. Roedd yn ddifyrrwch iddi bod y pump ohonyn nhw'n fechgyn, a hithau'n un o wyth o ferched, heb frodyr. Roedd hi'n gwybod bod dau arall ar y ffordd a'u bod nhw'n mynd i fod yn fechgyn hefyd! Byddai wedi synnu a gwirioni cael gwybod bod ganddi hi bellach orwyres hefyd, diolch i Sara Mai.

Yn ystod y cyfnod hwn, cawsom ein gwyliau olaf gyda'n gilydd. Mi aethon ni i Ddolgellau.

Ar 7 Mawrth 2019, bu farw Hilda o haint. Dim ond am wythnos y buodd hi'n sâl, a buom gyda hi'n yr ysbyty drwy gydol yr wythnos honno. Rydyn ni'n ei cholli'n enbyd.

Beryl

Geni: Mai 4, 1923, Siop Newydd, Dolgellau
Marw: Gorffennaf 23, 2019, Ysbyty Southmead, Bryste
Priodi: Walford Bowen Jones, 1958
Plant: Richard, Dafydd

Atgofion Richard...

Cyw melyn ola'r teulu, Beryl oedd yr olaf o'r wyth chwaer i gael ei geni a'r olaf i farw. Hi oedd yr unig un o'r chwiorydd i fynd i'r brifysgol, a gadawodd Gymru i weithio yn Lloegr ar ôl graddio o Goleg Prifysgol Aberystwyth yn ystod yr Ail Ryfel Byd. Fel y ddwy chwaer arall a symudodd i Loegr (Phyllis a Lottie), ni ddychwelodd i fyw i Gymru.

Mae'r enw Beryl yn gyfeiriad beiblaidd at byrth Jerwsalem o Datguddiad 21:18-21...

"Ac adeilad ei mur hi oedd o faen iasbis: a'r ddinas oedd aur pur, yn debyg i wydr gloyw.

A seiliau mur y ddinas oedd wedi eu harddu â phob rhyw faen gwerthfawr. Y sail cyntaf oedd faen iasbis; yr ail, saffir; y trydydd, chalcedon; y pedwerydd, smaragdus; y pumed, sardonycs; y chweched, sardius; y seithfed, chrysolithus; yr wythfed, beryl; y nawfed, topasion; y degfed, chrysoprasus; yr unfed ar ddeg, hyacinthus; y deuddegfed, amethystus."

Ganwyd Beryl yn Siop Newydd a chwaraeodd ei chwaer Arianwen ran flaenllaw wrth ofalu amdani yn faban. Roedd hi'n briodol felly bod Beryl yn gofalu am Arianwen pan fu farw yn Llanfrothen yn 1990 yn 82 oed.

Beryl ifanc a roddodd yr enw i Arianwen a ddaeth yn adnabyddus i bawb – Nanw. Roedd Arianwen yn ormod o lond ceg i Beryl a daeth allan fel 'Nanw'.

Fel y chwiorydd i gyd, byddai Beryl wedi helpu yn Siop Newydd, ond mae hi'n cofio ei mam a Doris fel prif gynheiliaid y siop.

Roedd bywyd Beryl yn Nolgellau yn ymwneud â chapel y Bedyddwyr (Capel Jwda), Ysgol Dr Williams, Siop Newydd a'r awyr agored – teithiau dydd i lan y môr yn y Bermo a'r Friog, heicio i Lyn Cregennan ac anturiaethau gyda'i chwiorydd yn dringo Cader Idris.

Mae ysgolheigion daearyddiaeth yn honni bod copa'r mynydd yn enghraifft glasurol o erydiad rhewlifol gyda'i gymoedd a'i glogwyni. Fodd bynnag, roedd yn well gan Beryl esboniad gwahanol. Cerddodd Idris y cawr, meddai, ar draws y môr o Iwerddon mewn pum cam a naddu'r mynydd yn orsedd lle gallai gadw golwg ar ei Deyrnas.

Ar un achlysur arhosodd y merched nos Sadwrn ar y copa, ond yn y bore roedd y mynydd wedi ei orchuddio gan niwl, a chymerasant y llwybr anghywir gan ddisgyn i Dal-y-Llyn yn hytrach nag ochr Dolgellau, a bu'n rhaid cerdded 10 milltir adref o amgylch y mynydd ar fore Sul. Collasant y capel. Roedd eu mam yn anhapus iawn a dywedodd Beryl wrthym na wnaethant fyth golli'r capel eto.

Dywedai Beryl yn aml pe baech yn aros ar gopa Cader Idris dros nos y byddech yn deffro naill ai'n fardd neu'n wallgof. Roedd ei phlant, Richard a Dafydd weithiau yn ei phryfocio nad oedd tystiolaeth ei bod yn fardd.

Ac mi *oedd* hi'n gymeriad anarferol. Yn hwyl, weithiau'n naïf, yn ddelfrydwr, ychydig yn ecsentrig, yn hael, yn gariadus a gofalgar.

Roedd hi'n mwynhau beicio yn ei hieuenctid ac yn cofio'i hanturiaethau gyda'i chwiorydd. Ar un daith uchelgeisiol cofiai am May yn seiclo ymhell ar y blaen tra roedd hi, Iola a Hilda yn ceisio'n daer i ddal i fyny.

Yn ei blynyddoedd olaf, wrth i gof Beryl ddechrau pylu a drysu, roedd un stori y dychwelai ati'n aml. Roedd hi wedi beicio i'r Bermo, ac ar y ffordd yn ôl cymerodd afal o'i phoced. Wrth fynd i lawr yr allt serth allan o'r Bermo sylweddolodd yn rhy hwyr ei bod yn bwyta'r afal gyda'i llaw brêc ac aeth ar ei phen i'r wal.

Yn ei henaint chwarddodd am ei phen ei hun yn hir ac yn uchel wrth gofio hynny.

Felly... y tro nesaf y byddwch yn cael eich hun ar feic ar gopa bryn gydag afal yn eich llaw, meddyliwch am Beryl cyn cychwyn ar i lawr.

Aeth Beryl i Ysgol Dr Williams yn 1934 yn 11 oed. Y brifathrawes oedd Miss Ellen Constance Nightingale, a fu'n goruchwylio cyfnod o ehangu adeiladau a chwricwlwm yr ysgol yn y 1930au. Soniai Beryl yn aml am athrawes gerdd hirhoedlog yr ysgol, Miss Violet Pashler Ingram ARCM, a ymunodd â'r staff ym 1910 ac a adwaenid gan genedlaethau o ddisgyblion fel 'y Tarw'.

Byddai Beryl wedi bod yn ddisgybl yn Ysgol Dr Williams pan agorwyd y bont droed dros Ffordd y Bermo fel rhan o ddathliadau Jiwbilî Diemwnt yr ysgol ym 1938. Roedd y bont garreg wen nodedig yn cysylltu prif adeilad yr ysgol â'r llety preswyl ym Mhenycoed. Perfformiwyd y seremoni agoriadol gan un o hen ferched enwocaf yr ysgol, y Fonesig Margaret Lloyd George, gwraig y cyn-brif weinidog David Lloyd George.

Roedd Beryl hefyd yn Ysgol Dr Williams pan ddioddefodd yr ysgol drasiedi fawr, y byddai Beryl yn cyfeirio ati yn achlysurol. Ym 1929, cyflwynwyd nofio am y tro cyntaf. Digwyddai hyn yn afon Mawddach, tua 30 llath o Bont Llanelltyd. Dim ond y merched hŷn o'r pedwerydd dosbarth i fyny oedd yn cael cymryd rhan, mewn grwpiau o 24 ar y tro. Yn anffodus ym 1938 boddodd un o'r merched, a hithau'n nofiwr medrus. Dydi hi ddim yn glir a oedd Beryl ymhlith y nofwyr y diwrnod hwnnw.

Ar ôl gadael Ysgol Doctor Williams, astudiodd Beryl y Gymraeg ac Almaeneg ym Mhrifysgol Aberystwyth yn ystod yr Ail Ryfel Byd. Hi oedd yr unig un o ferched Siop Newydd i fynd i'r brifysgol. Efallai ei bod hi'n rhyfedd ei bod wedi dewis astudio Almaeneg yn ystod y gwrthdaro â'r Almaen ond pan holodd Beryl am ei dewis, dywedodd Beryl ei bod yn dda mewn Almaeneg ac yn mwynhau ei hastudiaethau.

Pan adawodd Aberystwyth, cychwynnodd Beryl ar yrfa fel athrawes Almaeneg ac Addysg Gorfforol mewn ysgol uwchradd, a gadawodd ogledd Cymru. Penderfyniad mawr i ferch ifanc oedd yn siarad Cymraeg ac yn mynd i'r capel.

Wrth iddi ddechrau ei gyrfa addysgu, daeth y llythyren B yn arwyddocaol ym mywyd Beryl. Bu'n gweithio yn Barrow-in-Furness, Buxton a Banbury, lle cyfarfu â'i gŵr, darlithydd coleg technegol o'r enw Walford Bowen Jones ac ym 1966 fe wnaethant symud i'w cartref newydd, Bryste, fwy neu lai ar y diwrnod yr agorodd y Bont Hafren gyntaf.

Fel athrawes Almaeneg, ymwelodd â'r Almaen ar sawl achlysur, yn fwyaf nodedig ar wyliau beicio yn y 1950au, a gwnaeth gyfeillgarwch gydol oes gyda 'Margaret Germany', Dr Margaret Rosenbaum, a ymwelai â'r teulu yn achlysurol yn Banbury a Bryste gyda'i ffrind Irmgard.

Yr unig dro yr aeth y teulu ar wyliau tramor gyda'i gilydd oedd pan yrrodd Walford nhw i Cologne trwy Ddyffryn Mosel mewn Ford Cortina i ymweld â Margaret ac Irmgard.

Ym 1957, roedd Beryl a Walford ill dau yn dysgu yn Banbury ac yn aros yn yr un gwely a brecwast neu westy. Cyfarfu'r ddau pan glywodd y naill ohonynt y llall yn siarad Cymraeg wrth ffonio adref o'r blwch ffôn cyhoeddus yn y dderbynfa.

Mi wnaethant briodi, a ganed Richard ym 1958 tra'r oeddent yn byw yn The Lodge, porthdy wedi gweld ei ddyddiau gwell i stad wledig ger Banbury. Cyrhaeddodd Dafydd yn 1962, ac erbyn hynny roedden nhw wedi symud i 79 Daventry Road yn Banbury. Roedd Walford yn ddarlithydd mewn peirianneg drydanol yn y coleg technegol lleol.

Mewn sawl ffordd roedden nhw'n gwpl annhebygol – y glöwr hynod ecsentrig o Orllewin Cymru (Cefneithin) a oedd yn hoff iawn o rygbi a chwrw ac a aeth i lawr y pwll yn 13 oed, a'r ferch Capel o ogledd Cymru, ond roedd llawer o bethau yn gyffredin rhyngddynt, nid lleiaf eu cred lwyr yng ngrym addysg.

Fe wnaethon nhw symud i Kingswood, Bryste ym 1966. Mae'n debyg bod Walford yn teimlo ei fod yn cael ei esgeuluso am ddyrchafiad yn Banbury. Teimlai weithiau mai'r achos am hynny oedd oherwydd mai Cymraeg 'pentref' oedd ei iaith gyntaf; nad oedd yn siarad Saesneg yn ddigon da i symud ymlaen yn ei yrfa addysgu. Ond llwyddodd i gael swydd newydd yng Ngholeg Technegol Soundwell a symudodd y teulu i 36 Sweets

Road, tua'r un pellter rhwng y ddau le y treuliai Wally y rhan fwyaf o'i amser ¬– y Coleg a thafarn y Jolly Cobbler.

Roedd tyfu i fyny yn Sweets Road yn blentyndod hapus a digyffro i raddau helaeth i Richard a Dafydd, nes i Walford farw'n sydyn gartref yn 61 oed ym 1975. Tua 6pm oedd hi. Roedd Beryl yn gwneud sglodion i de. Daeth Wally i mewn i'r gegin fach a dweud nad oedd yn meddwl y byddai eisiau sglodion, llewygodd o flaen yr oergell a bu farw o anewrysm o flaen Beryl, Richard a Dafydd. Gadawyd Beryl ar ei phen ei hun i gefnogi Richard a Dafydd tra'n dal swydd llawn amser yn Ysgol Kingsfield, ac yna St Ursula's.

Collodd mam Beryl, Jane Jones o Siop Newydd ac yn ddiweddarach Plas Canol yn Nolgellau, ei golwg dros nos. Pan ymwelai â Banbury a Sweets Road roedd hi bob amser yn dod â›i Beibl mawr fel y gallai ddarllen mewn braille.

Dioddefodd Beryl a'i chwiorydd broblemau golwg tebyg i wahanol raddau, a chofrestrwyd Beryl yn ddall tua'r un amser ag y darganfu partner Richard, Maggie, ei bod yn feichiog gydag wyres cyntaf Beryl, Caitlin, a aned yn 1993. Dilynodd Mena yn 1999 ac roedd gan y ddwy gyswllt arbennig gyda'u Nain.

Cyn i'w golwg ddirywio gormod, treuliodd Beryl bob dydd Gwener yn gofalu am Caitlin fach dros flynyddoedd cyntaf ei bywyd. Byddai'n chwarae'n hapus mewn corlan chwarae enfawr a oedd yn meddiannu'r rhan fwyaf o'r ystafell fyw – y cyfeiriai Caitlin ati'n annwyl fel 'y cawell'.

Bu Beryl yn dysgu hwiangerddi Cymraeg i Caitlin a Mena – y mwyaf cynhyrfus ohonynt oedd *Faint o'r gloch Mr Blaidd* – bob amser yn gorffen mewn sgrechiadau o lawenydd.

Roedden nhw i gyd yn mwynhau mynd gyda'i gilydd i Glwb Y Ddraig Goch yn Windmill Hill City Farm, Bryste ar foreau Sadwrn.

Ni chwynodd Beryl erioed am golli ei golwg, a pharhaodd i fyw bywyd annibynnol yn dal y bws i Fryste a cherdded i Kingswood a Staple Hill i wneud ei siopa.

Bu'n aelod gweithgar ac yn gyn-lywydd Cymdeithas Gymraeg Bryste, ac yn aelod achlysurol o'r gynulleidfa yn San Steffan lle cynhaliwyd ei gwasanaeth angladdol . Mynychai wasanaethau Cymraeg Bryste yn rheolaidd yng Nghapel John Wesley, ac yn ddiweddarach yn Eglwys y Bedyddwyr yn Broadmead.

Ym mlynyddoedd olaf ei bywyd gofalwyd amdani yn anhunanol gan Dafydd, a wnaeth yn siwr fod Beryl bob amser yn gyfforddus a hapus.

Nid oedd Beryl yn berson ymddangosiadol wleidyddol, ond roedd ganddi gredoau cryf iawn. Roedd hi'n heddychwraig ymroddedig ac yn rhyngwladolwraig, roedd hi'n casau trais mewn unrhyw ffurf. Dysgodd Esperanto, yr iaith ryngwladol, fel arwydd o'i chred mewn heddwch rhyngwladol. Roedd yn aelod gweithgar o'r Ymgyrch dros Ddiarfogi Niwclear a byddai'n dosbarthu taflenni a deisebau o amgylch Soundwell.

Yn yr 1980au teithiodd i Moscow gyda dirprwyaeth heddwch oedd yn cynnwys pennaeth CND ar y pryd, Bruce Kent; cymaint oedd ei hymrwymiad i gymdeithas rydd o ryfel.

Roedd gan Beryl gred ddofn mewn byd lle mae heddwch yn goresgyn gwrthdaro, haelioni yn goresgyn trachwant, a byd lle mae Cymru yn curo Lloegr ar *bopeth*.

Atgofion Huw...

Roedd Beryl, Wally, Richard a Dafydd yn arfer dod i Saundersfoot i aros, fel arfer yn yr haf, ac roeddwn i bob amser yn edrych ymlaen at eu gweld yn dod oherwydd ein bod yn cael hwyl fawr. Yn y dyddiau cynnar byddai'n rhaid i Wally ymweld â 'The Old Chemist' yn y pentref i gael rhywfaint o hyder cemegol, gan ei fod braidd yn bryderus ynglŷn ag aros yn y ficerdy! Roedd Wally'n gymeriad mawr ac roedd Beryl mor wahanol iddo. Yr enghraifft orau o gariad llafar Wally at fywyd oedd pan safodd ar y creigiau ar draeth Coppet Hall yn annerch ymwelwyr eraill y traeth yn ddramatig, gan ddyfynnu Shakespeare yn ei drowsus nofio di-siap gwlanog a bler. Ni thalodd Beryl lawer o sylw i'r digwyddiad ymddangosiadol arferol hwn, gan barhau i sgwrsio'n dawel hefo mam a dad, a rowlio'i llygaid rwan ac yn y man!

Dwi'n cofio Beryl yn parhau hefo'r naws dawel a heddychlon yna rai blynyddoedd yn ddiweddarach pan oeddwn yng Ngholeg Polytechnig Bryste. Bûm yn ymweld â Sweets Road yn rheolaidd, weithiau gyda'r esgus o geisio gan Wally wella fy ngwybodaeth am fathemateg uwch a chyfrifiadau strwythurol nad oeddwn i'n eu deall o gwbl. Byddai'r gwersi fel arfer yn diweddu fel gêm bêl-droed yn y neuadd, gan dorri golau ddwywaith, chwalu dodrefn ac ar un achlysur, achosi i Dafydd dorri amrant.

Byddai Beryl yn parhau i baratoi pryd o fwyd yn dawel bach, ac yn gofalu am unrhyw anafiadau! Byddai cinio dydd Sul yn dechrau gyda Wally a minnau yn cael ambell i aperitif (gormod fel arfer) yn y Jolly Cobbler, ac yn gorffen gyda gemau dan do egnïol. Byddai hoff gampau acrobatig Richard a Dafydd yn golygu eu bod yn siglo o ddrws y stafell fyw ac yn glanio ar y soffa, lle y parhai Beryl i sgwrsio â mi ac, er nad oedd yn gwbl anymwybodol o'r anhrefn o'i chwmpas, yn parhau'n bwyllog wrth iddi roi cerydd ysgafn i'r perfformwyr syrcas! Er gwaethaf hynny roeddwn bob amser yn teimlo mai hi oedd yn rheoli, ac yn cael ei charu cymaint fel gwraig a mam. Yn syml, roedd hi'n hyfryd!

ADRAN DAU:

LLEOEDD

(gweler y mapiau)

Derlwyn, Llanddwywe uwch y Graig
Evan Evans yr hynaf, ei wraig Ann, a'u plant Ellis, Ann ac Evan Evans yr ieuaf

Glan-llyn-y-forwyn
Owen Owens, ei wraig Ann a'u plant Griffith, William a Jane (Nain Birkenhead)

Gellilydan
Roedd nain ein Nain (Ann) yn byw yng Ngellilydan ar ôl i'w gŵr Evan farw.

1 Islawrcoed, Trawsfynydd
Evan Evans yr ieuaf, ei wraig Jane a'u plant. Man geni Nain

7 Teras Arenig, Bala
Evan Evans yr ieuaf, ei wraig Jane a'u plant Evan, Jane (Nain), Owen, Herbert

2 Stryd Albert, Wrecsam
Symudodd y teulu i Wrecsam yn 1895. Evan Evans yr ieuaf, ei wraig Jane, ei mam Ann Owens, a'r plant Evan, Jane (Nain), Owen, Herbert, Lilian ac Ethel

85 St Anne Street, Penbedw
Yn ôl cyfrifiad 1851, roedd Owen Owens, ei wraig Ann a'u plant Griffith (5) a William (3) yn byw yma.

5 Tai Newyddion, Llanfachreth
Mam Taid Mary Jones, ei daid a'i nain Richard a Laura Jones, a'i chwaer Laura.

Cader Idris
Y mynydd sy'n gefndir i Ddolgellau a chwaraeodd ran mor bwysig yn eu bywydau.

Llanfachreth
Gwyddom i nain a thaid Nain o ochr ei thad (Evan Evans ac Ann) briodi yn Llanfachreth ar Fawrth 11, 1831, a gwyddom fod taid a nain Taid o ochr ei dad yntau (Richard Jones a Laura) yn hanu o Lanfachreth, pentref tua thair milltir i'r gogledd-ddwyrain o Ddolgellau ger Brithdir. Mae ar lethrau dyffryn Mawddach, ger Llwybr Cynwch, ac mae ganddo hanes hynod ddiddorol.

Dolgellau
Tref sirol Meirionnydd yng Ngogledd Cymru lle cafodd merched Siop Newydd eu geni a'u magu.

19 Stryd Upperfield
Ganwyd Taid yma yn 1878

Siop Newydd
Cartref y teulu a siop nwyddau caled/paentio ac addurno ar dop Sgŵar Eldon yn Nolgellau. Jane Jones (Nain) a Richard Jones (Taid), rhieni Merched Siop Newydd, oedd yn rhedeg y siop.

Plas Canol
Y tŷ tu ôl i Siop Newydd lle roedd Nain ac Anti May yn byw ar ôl symud o Siop Newydd. Roedd y teulu hefyd wedi byw yma o'r blaen.

Victoria House
Bu'r teulu'n byw yn Victoria House, Upper Smithfield Street, Dolgellau ar ôl gadael Plas Canol a chyn symud i Siop Newydd (tua 1918-1923).

Ysgol Dr Williams i Ferched
Yr ysgol roedd Merched Siop Newydd yn ei mynychu yn ddibreswyl. Mae'r safle ar Ffordd y Bermo (yr A470) bellach yn gartref i Goleg Meirion-Dwyfor.

Capel Judah, Love Lane, Dolgellau
Capel y Bedyddwyr lle bedyddiwyd Merched Siop Newydd. Roedd Nain yn Athrawes Ysgol Sul yma. Roedd Taid ac Anti May yn Ddiaconiaid. Bu Phyllis a May yn organyddion (Phyllis am gyfnod byr, May am flynyddoedd lawer).

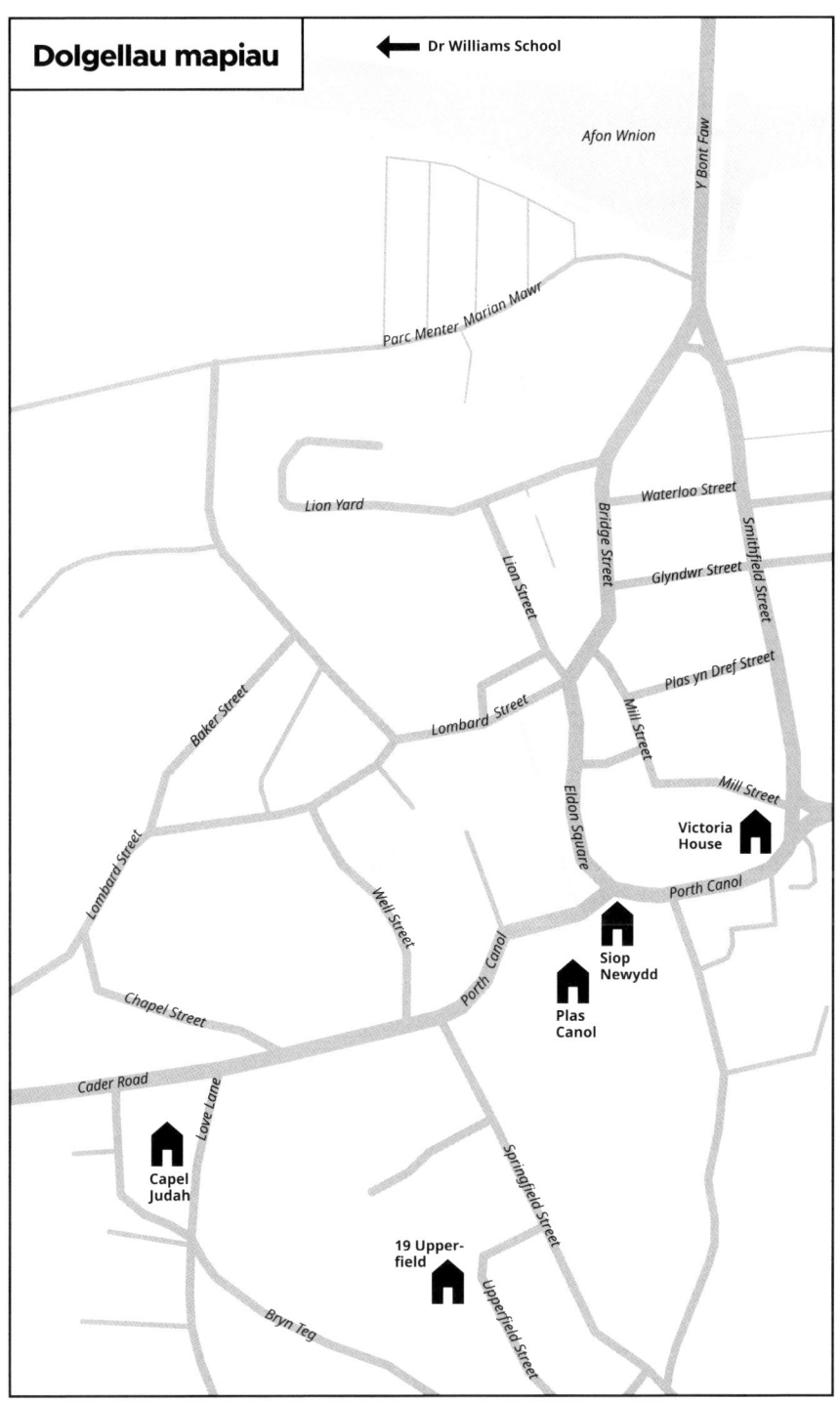

Pennod un
Yn y dechreuad

Derlwyn a Glan-llyn-y-forwyn

Mae ein stori yn cychwyn yn Eryri ar fferm ddefaid o'r enw Derlwyn ym mhlwyf Llanddwywe-Uwch-Y-Graig i'r gorllewin o'r Ganllwyd, pentref tua chwe milltir i'r gogledd o Ddolgellau a saith milltir i'r de o Drawsfynydd.

Claddwyd ein hen daid a'n hen nain Evan Evans a'i wraig Ann (Roberts gynt) yng nghapel y Ganllwyd, y pentref agosaf i Derlwyn.

Ymhellach i'r gorllewin o Derlwyn mae Y Llethr (756 metr) a'r Diffwys (750 metr), dau gopa uchaf cadwyn mynyddoedd y Rhinogydd. Mae'r trydydd copa uchaf, Rhinog Fawr (720 metr) i'r gogledd orllewin o'r fferm.

Saif mynyddoedd y Rhinogydd rhwng Derlwyn a'r gwastadedd arfordirol rhwng y Bermo a Harlech. Mae tri llwybr ar draws y mynyddoedd i'r môr: Bwlch Drws Ardudwy i Gwm Nantcol, Cwm Ysgethin a Bwlch Tyddiad. Gweler y blwch.

Bellach dyma un o ardaloedd mwyaf anghysbell Eryri. Mae tywyswyr cerdded yn argymell mai cerddwyr mynydd profiadol yn unig ddylai fynd ar deithiau cerdded yn y Rhinogydd. Mae'r ardal i'r gogledd o Derlwyn bellach yn Warchodfa Natur Genedlaethol y Rhinog, yn dir creigiog gydag arddangosfeydd ysblennydd o rug porffor ac yn gartref i sawl rhywogaeth o blanhigion prin, adar mudol ac adar ysglyfaethus, gan gynnwys y Cudyll Bach prin.

Mae'r tir o amgylch Derlwyn yn laswelltog a chorsiog mewn mannau. Yn ôl adroddiad papur newydd yn Archifdy Dolgellau yn 1904, roedd Derlwyn yn 'Ffermdy yng nghanol llwyn derw gyda phorfa dda a llawer o gaeau, ond bellach ynghlwm wrth fferm arall i arbed y gost i'r sgweier orfod adeiladu tŷ yn y Derlwyn.'

Yr unig broblem yw, dydyn ni ddim yn gwybod *yn union* ble mae Derlwyn. Neu ble'r oedd. Nid oedd neb yn byw ar y fferm erbyn diwedd y bedwaredd ganrif ar bymtheg a (hyd y gwyddom) nid oes unrhyw olion o'r adeilad. Mae'n bosibl pan gafodd ei gysylltu â fferm arall iddo newid ei enw. Dengys mapiau Arolwg Ordnans o ddiwedd y bedwaredd ganrif ar bymtheg fferm o'r enw Cefn Cam i'r gogledd o Afon Gamlan mewn ardal o'r enw Craig y Derlwyn.

Ond fe wyddom mai Glan-llyn-y-forwyn oedd enw fferm gyfagos, a gwyddom yn union ble mae hi oherwydd bod yr adfeilion yno o hyd. Mae Glan-llyn-y-forwyn ym mhlwyf Llanelltyd, y ffin rhwng Llanelltyd a Llanddwywe-Uwch-Y-Graig yw Afon Gamlan, felly gwyddom fod Derlwyn i'r gogledd o'r afon.

Gwyddom hefyd fod Derlwyn yng nghyfrifiad 1841 yn gartref i ffermwr o'r enw Evan Evans (40 oed) a'i wraig Ann (30), ein hen, hen daid a'n hen nain ar ochr Nain o'r teulu. Hefyd yn byw yn Derlwyn yn 1841 roedd Ann Owens (morwyn, 15 oed) a llafurwr amaethyddol o'r enw Edward Williams (35 oed).

Mae oedran Evan Evans yn anghywir yng nghyfrifiad 1841. Ganwyd ef yn 1799, a chywirir y gwall hwn yng nghyfrifiad 1851 pan roddir ei oedran fel 52.

Erbyn 1851 maent yn dal i fyw yn y Derlwyn ac mae ganddynt dri o blant, Ellis Evans (7), Ann Evans (5) a'n hen daid (tad Nain) Evan Evans, a oedd yn 11 mis oed.

Mae'r teulu'n dal yn y Derlwyn yn 1861. Cofnodir Evan Evans (yr hynaf) yn ffermwr 130 erw, a'n hen daid Evan Evans (yr ieuaf) yn 11 oed. Cofnodir galwedigaeth ei frawd Ellis (17) fel llifiwr pren. Yn y bedwaredd ganrif ar bymtheg roedd pedwar math gwahanol o lifwyr – llifwyr cowper yn torri pren i'w wneud yn gasgenni, llifwyr llongau yn paratoi pren i adeiladu llongau, llifwyr pren caled yn arbenigo mewn gweithio gyda choed mahogani a choed 'ffansi' eraill a llifwyr pren yn torri pren yn benodol ar gyfer defnydd yn y diwydiant adeiladu, felly mae'n debygol bod yna waith adeiladu a/neu adnewyddu sylweddol yn digwydd yn yr ardal.

Gwyddom mai dim ond ychydig filltiroedd i'r de-ddwyrain o Ganllwyd yn Llanfachreth, bod Syr Robert Williams Vaughan (1768-1843) wedi dechrau gwaith adnewyddu sylweddol i stad Nannau.

Dengys mapiau'r Arolwg Ordnans o ganol i ddiwedd y bedwaredd ganrif ar bymtheg fod y llethrau i'r gogledd o Afon Mawddach yn wahanol iawn i'r ardal anghysbell ydi hi heddiw. Ychydig filltiroedd i'r gorllewin o Derlwyn roedd chwarel lechi Cefn Cam. Roedd cloddfa aur Cefn Coch i'r de ddwyrain, ac roedd y llethrau wedi'u gorchuddio â siafftiau prawf.

Darganfuwyd aur yng Ngwynfynydd ychydig y tu hwnt i'r Ganllwyd yn 1863, pan oedd ein hen daid Evan Evans (yr ieuaf) yn 13 oed ac yn byw ychydig filltiroedd i ffwrdd yn Derlwyn. Ni ddatblygwyd mwynglawdd Gwynfynydd yn fasnachol tan 1887 ond erbyn 1888 (pan oedd Nain yn wyth oed ac yn byw tua saith milltir i ffwrdd yn Nhrawsfynydd) roedd y pwll yn cyflogi 200 o bobl. Echdynnwyd yr aur trwy yrru twneli llorweddol (ceuffyrdd) i ochr y mynydd, gyda'r mwynwyr yn gweithio'n ddwfn o dan y ddaear yng ngolau cannwyll. Roedd y peiriannau'n cael eu pweru gan olwynion dŵr a thyrbinau dŵr. Yn wahanol i fwyngloddiau eraill yn yr ardal lle darganfuwyd yr aur mewn dyddodion bas, echdynnwyd aur Gwynfynydd o wythiennau cwarts mawr yn ddwfn o dan y ddaear.

Ymhellach i'r de yn y bryniau uwchben Bontddu rhwng Dolgellau a'r Bermo, roedd mwynglawdd aur Clogau yn un o'r rhai mwyaf cynhyrchiol yn y DU. Fe wnaethon nhw ddarganfod aur yma ym 1854, ac ymledodd y twneli am 12 milltir o dan Eryri.

Nid oedd y llechweddau hyn mor anghysbell ag y meddyliech.

Roedd mwynglawdd mango Diphwys wrth odre mynyddoedd y Rhinogydd i'r de-orllewin o Glan-llyn-y-forwyn. Roedd tramffyrdd yn rhedeg i lawr y bryniau i gario'r llechi, mango, maen ac aur i'r ffyrdd a'r afonydd.

Bu farw Evan Evans (yr hynaf) yn 1869. Dengys cyfrifiad 1871 ein hen daid Evan (yr ieuaf), 20 oed, yn dal i fyw yn y Derlwyn. Llafur amaethyddol yw ei alwedigaeth. Yr unig berson arall a restrir yw ei chwaer Ann (25) y rhoddir ei swydd fel gwas cyffredinol. Mae eu mam Ann yn dal yn fyw, ond mae nodyn ar ffurflen y cyfrifiad yn egluro ei bod 'oddi cartref ar ymweliad' ar ddiwrnod y cyfrifiad.

Yng nghyfrifiad 1881 mae Evan Evans (yr ieuaf) yn 30 oed ac yn awr yn saer maen. Mae'n briod ac yn byw mewn bwthyn o'r enw Islawrcoed yn Nhrawsfynydd gyda'i wraig Jane (28) a'i blant Annie (4), Evan (a adwaenid fel Evie) (3) a Jane (1). Jane Evans, wrth gwrs, yw ein Nain.

Glan-llyn-y-forwyn

Evan Evans (yr ieuaf) yw ein hen daid; tad Nain. Mam Nain (ein hen nain) yw Jane Owens (ganwyd ym Mhenbedw yn 1852), merch Owen Owens (ganwyd 1814 yn Nolgellau) ac Ann Owens (ganwyd 1819 yn Llanrwst).

Felly ble wnaeth rhieni Nain gyfarfod? Yr ateb yw Glan-llyn-y-forwyn.

Dywedodd Beryl yr hanes fod Jane yn ymweld â'i rhieni ar fferm Glan-llyn-y-forwyn pan gyfarfu ag Evan o'r fferm gyfagos yn y Derlwyn. Ganed Jane ym Mhenbedw ac, yn ôl Beryl, ni allai siarad Cymraeg bryd hynny. Doedd Evan ddim yn gallu siarad Saesneg, ond fe wnaethon nhw gyfarfod yn y mynyddoedd a syrthio mewn cariad.

Efallai bod hon yn fersiwn ramantaidd o ddigwyddiadau, ond dyma'r unig un sydd gennym ni.

Mae cofnodion y cyfrifiad yn ychwanegu mwy o fanylion. Ganed Jane Owens ym Mhenbedw ym 1852, yn 85 St Anne Street yn ôl pob tebyg. Cyfeiriai Merched Siop Newydd ati fel 'Nain Birkenhead'. Ni allwn ddod o hyd i'w rhieni ar gyfrifiad 1841, ond yng nghofnodion cyfrifiad 1851 maent yn byw ym Mhenbedw. Erbyn 1861 roedd y teulu wedi symud tua 25 milltir i Warrington, i'r dwyrain o Benbedw.

Mae'r teulu sy'n byw yn 6 Bewsey Road, Warrington yn cynnwys y fam a'r tad Owen ac Ann Owens, eu meibion Griffith (15), William (13) a Jane (8). Mae Owen Owens yn datgan ei alwedigaeth fel saer maen. Gallai hyn fod yn bwysig.

Erbyn 1871 mae'r teulu wedi symud yn ôl i Gymru ac yn byw ar fferm yn y bryniau i'r gorllewin o'r Ganllwyd yng Nglan-llyn-y-forwyn. Mae cyfrifiad 1871 yn ein hysbysu bod Owen Owens (52) yn ffermwr 370 erw yn byw gyda'i wraig Ann (52) a'i ferch Jane (mam Nain) 18 oed.

Erbyn 1881 mae Jane wedi priodi Evan Evans (yr ieuaf), sydd bellach yn saer maen (fel yr oedd ei dad-yng-nghyfraith Owen Owens yn Warrington). Maent yn byw mewn bwthyn yn Islawrcoed yn Nhrawsfynydd. Y flwyddyn gynt (1880) rhoddodd Jane enedigaeth i ferch fach, a alwyd hefyd yn Jane; ein Nain.

Yn 2020 cerddodd yr hanesydd lleol John Townsend i Lan-llyn-y-forwyn o'r Ganllwyd. Mae'r hen lwybrau a llwybrau'r porthmyn bellach wedi tyfu drostynt ac mae'r ardal yn gorsiog, gan ei gwneud hi'n anodd cyrraedd y ffermdy. Ond roedd yn gallu cadarnhau bod yr adfail yn dal i sefyll. Mae'r rhan fwyaf o'r waliau dros ddau fetr o uchder wedi dymchwel, ond roedd y talcen gorllewinol, y lle tân mawr a'r simnai yn dal yn gyfan.

Os oes unrhyw un am roi cynnig ar heicio i Lan-llyn-y-forwyn, mae John yn argymell mynd at y fferm o ffordd y comisiwn coedwigaeth o gyfeiriad y de.

Gweddillion Glan-llyn-y-forwyn uwchlaw Ganllwyd ym mynyddoedd y Rhinogydd. Ai dyma lle cyfarfu tad Nain (Evan Evans) â mam Nain (Jane Owens)?

Cwm Nantcol, Bwlch Drws Ardudwy a Bwlch Tyddiad

Er bod yr ardal rhwng Ganllwyd a'r arfordir bellach yn anghysbell, mae tystiolaeth yno o aneddiadau sy'n dyddio'n ôl i gyfnod y Brythoniaid Hynafol a hyd yn oed y Derwyddon.

Pe baech yn cychwyn o'r Derlwyn tua'r arfordir (tua phum milltir i ffwrdd) byddech yn darganfod eich ffordd wedi'i rhwystro gan fynyddoedd. Felly, byddech naill ai'n croesi Bwlch Drws Ardudwy rhwng Rhinog Fawr a Rhinog Fach i Gwm Nantcol ac i lawr i Lanbedr, neu'n cerdded drwy Fwlch Tyddiad ac i lawr y Grisiau Rhufeinig.

Yn rhyfeddol, roedd y llwybr i Gwm Nantcol yn cael ei ddefnyddio ar un adeg gan goetsis mawr a oedd yn teithio o Lundain i Harlech. Yn ôl gwefan CountryFile nid oedd llwybr arfordirol tan ddiwedd y ddeunawfed ganrif, pan dorrwyd llwybr drwy'r graig soled yn Abermaw, felly dim ond trwy fylchau mynyddoedd a dyffrynnoedd Cwm Ysgethin a Chwm Nantcol y gellid cyrraedd yr ardal i'r gorllewin o'r mynyddoedd.

Roedd cadwyni o bynfeirch, porthmyn a choetsis llwyfan yn llywio'r lonydd gwyrdd lle nad oes llawer yn mentro nawr.

Roedd Ty Newydd, y dywedir ei fod yn dafarn porthmyn a choetsis mawr, yn destun nifer o gyrchoedd ysbeilwyr. Mae trac ar y chwith yn disgyn i Bont Scethin anghysbell, pont isel â chefn crwm sy'n croesi Afon Ysgethin. Defnyddid y groesfan gan goetsis mawr ar eu teithiau rhwng Llundain a Harlech.

https://www.countryfile.com/go-outdoors/walks/cwm-nantcol-cwm-ysgethin-snowdonia-wales/

Yn sicr, roedd llwybrau ar draws y mynyddoedd a ddefnyddid gan borthmyn ac eraill yn dyddio'n ôl ganrifoedd, a'r mwyaf diddorol ohonynt yw'r Grisiau Rhufeinig. Y consensws cyffredinol yw nad oedd gan y Grisiau fawr ddim i'w wneud â'r Rhufeiniaid, ond ei bod hi'n wir eu bod yn dyddio'n ôl i'r oesoedd canol.

Mewn car, gan yrru o'r Bermo i Harlech ar ffordd arfordir yr A496, trowch i'r dde yn Llanbedr yn syth ar ôl tafarn y Victoria. Ar ôl rhyw chwe milltir, mae'r lôn gul yn cyrraedd maes parcio wrth Lyn Cwm Bychan. Oddi yma mae tua 2000 o risiau yn esgyn hyd lethrau Rhinog Fawr.

Wrth gwrs, mae llawer o chwedlau yn ymwneud â'r llwybr hynafol hwn drwy'r mynyddoedd, a'r ddwy fwyaf cyffredin yw; yn gyntaf, bod yna dwnnel cyfrinachol yn arwain o'r Grisiau i Gastell Harlech; ac yn ail, bod minteioedd o filwyr Rhufeinig â mulod i'w gweld weithiau yn ymlwybro i fyny'r Grisiau Rhufeinig, ac y bydd unrhyw un sy'n dilyn y milwyr yn cael ei arwain at gelc cyfrinachol o aur.

Llanfachreth

Mae hanes Llanfachreth yn dyddio'n ôl i o leiaf y 12fed ganrif pan oedd dau deulu, y Nanneys a'r Fychaniaid, yn rheoli'r ardal. Yr oedd yr ystâd yn cael ei hadnabod, fel y mae hyd heddiw, fel Stad Nannau.

Mae'r pentref wedi'i blethu'n anorfod â ffawd y teuluoedd hyn, ac weithiau mae'n cynnwys chwedlau lliwgar am gynllwynio a ffraeo sydd wedi'u dogfennu'n helaeth ar Wicipedia ac mewn mannau eraill.

Mi neidiwn yn ein blaenau hyd at amser Syr Robert Williams Vaughan (1768-1843). Er ei fod yn wleidydd Torïaidd a fu'n eistedd yn Nhŷ'r Cyffredin am 44 mlynedd rhwng 1792 a 1836, dywedir i Syr Robert reoli'r ystâd fel unben llesiannol, ac roedd pobl yn ei adnabod fel Yr Hen Syr Robert.

Ef oedd pennaeth y stad pan anwyd taid a nain Taid o ochr ei dad, Richard Jones (1808-1876) a Lowrey (1803-1884) yn y pentref ar adeg a oedd, i bob golwg, yn oes aur i stad Nannau a Llanfachreth.

Rydym hefyd wedi dod o hyd i gyfeiriad at fedydd taid Nain ar ochr ei thad, Evan Evans, yn Llanfachreth ar Hydref 27, 1799, felly mae'n ymddangos yn sicr fod dwy ochr y teulu yn hanu o'r pentref ac yno yn ystod 'teyrnasiad' Yr Hen Syr Robert.

Adeiladodd Syr Robert Neuadd Nannau 'Sioraidd' rhwng 1788 a 1796. Etholwyd ef yn AS dros Feirionnydd yn 1792, ac wedi hynny fe'i hail-etholwyd 13 o weithiau. Cyflawnodd lawer dros yr ardal; ynghyd ag ailadeiladu Dolgellau, ariannodd adnewyddiad bythynnod, waliau lloc, tai, ffyrdd, ffensys a chreodd Lwybr Cynwch ar y stad.

Talwyd am lawer o'r gwaith hwn gan Robert i leddfu diweithdra wedi rhyfeloedd Napoleon. Adeiladodd nifer o ffyrdd o dŷ Nannau a, filltir i'r dwyrain o Lanfachreth ar draws ffordd y Bontnewydd, fwa trawiadol o'r enw Y Garreg Fawr oherwydd y garreg

Tai Newyddion yn Llanfachreth. Roedd un o'r pedwar bwthyn yn gartref i un o neiniau a theidiau Taid, Richard Jones (1808-1876) a Lowrey Jones (1802-1884) a mam Taid, Mary Jones (1844-1924). Symudodd Mary i Upperfield yn Nolgellau lle cafodd Taid ei eni ym 1878.

enfawr, a ddygwyd o Harlech, sy'n ffurfio'r rhychwant.

Mae llawer o'r bythynnod yr oedd wedi'u hailadeiladu yn Llanfachreth yn anarferol yn bensaernïol. Maent yn cynnwys toeau llechi yn plygu dros ffenestri dormer, er enghraifft, a phortshys gyda phileri brics crwn. Yr olaf a adeiladodd oedd Glasgoed, filltir i'r gogledd o Lanfachreth. Dylai'r bwthyn fod wedi bod yn uwch ar y bryn, ond roedd iechyd Syr Robert yn dirywio, felly fe'i codwyd ble y gallai ei weld a goruchwylio'r gwaith o'i adeiladu ger Plas Nannau. Penodwyd ef yn Uchel Siryf sir Feirionnydd am 1837-38.

Wedi ei farwolaeth yn Ebrill 1843 fe'i claddwyd ym mynwent eglwys Llanfachreth, ac roedd wedi cynnwys yn ei ewyllys y pentrefwyr a'r gweision tlotaf.

Roedd taid Taid, Richard Jones (1808-1876) yn glochydd yn eglwys y pentref, Sant Machreth, ond roedd yn eglwys wahanol i'r un sy'n bodoli heddiw. Soniwyd am eglwys Sant Machreth mewn dogfennau am y tro cyntaf ym 1254, ond ym 1871, dymchwelwyd yr eglwys ganoloesol ac adeiladwyd yr eglwys bresennol ym 1874 ar gost o £1,300.

Yr olaf o'r teulu i gymryd rhan weithredol yn y stad oedd John Vaughan, Uchel Siryf 1880–81. Ailadeiladodd fythynnod fferm i safon uchel. Adeiladodd ysgol hefyd, a chyflwynodd ad-daliad rhent o 10 y cant a oedd yn ei wneud yn boblogaidd iawn. Bu farw yn 1900; gadawyd y stad i'w wraig ac, yn 1917, fe'i rhannwyd rhwng ei meibion.

Benthycwyd Plas Nannau i swyddfa'r rhyfel fel cartref gwella i gyn-filwyr a oeddent yn dioddef o siel-syfrdandod rhwng 1918 a 1921. Yn ystod yr Ail Ryfel Byd bu'n lloches i ysgol i ferched o Gaint.

Soniodd rhai o ferched Siop Newydd am gefnogi faciwîs yn ystod yr Ail Ryfel Byd. Tybed os mai'r faciwîs oedd y rhain a bod cysylltiad teuluol â Llanfachreth o hyd? Yn sicr, mae Alan (mab Lottie) yn cofio ymweld â Llanfachreth yn blentyn.

Yn 2021, ymwelodd Rhian, Gwylan a Richard â Llanfachreth. Mae Tai Newyddion bellach yn rhes o bedwar bwthyn wedi eu hadeiladu i mewn i ochr y bryn yn union islaw'r fynwent fawr a'r eglwys drawiadol. Adeiladwyd y bythynnod ym 1812 pan oedd Robert Vaughan yn arglwydd ystad Nannau.

Mae'r bythynnod yn drawiadol gyda waliau gwyn, toeau llechi a ferandas wedi'u cynnal gan golofnau. Mae yna olygfa ysblennydd o'r drysau ffrynt ar draws caeau agored i'r mynyddoedd tu hwnt.

Pennod dau

Islawrcoed, Bala a Wrecsam

Yn 2021, cerddodd Rhian, Gwylan a Richard i Islawrcoed o'r maes parcio ym mhen gogleddol Llyn Trawsfynydd. Gallwch hefyd barcio yn y gilfan ar briffordd yr A470 a cherdded ar hyd y llwybr troed i Islawrcoed.

Pan fyddwch chi'n cyrraedd y lan, mae'n bosib gydag ychydig drafferth i ddarganfod ôl troed rhes o fythynnod ychydig lathenni i ffwrdd o'r llyn. Ond nid oedd y llyn yno pan oedd Evan Evans ac Ann yn byw yn Islawrcoed tua 1880-1890 gyda'u plant ifanc. Adeiladwyd y llyn rhwng 1924-1928 pan adeiladwyd pedair argae i greu cronfa ddŵr i gyflenwi gorsaf bŵer trydan heidro Maentwrog. Cynyddwyd maint y llyn yn y 1960au i wasanaethu atomfa Trawsfynydd.

Pan anwyd Nain yn Islawrcoed yn 1880, rhedai'r ffordd o Gellilydan yn union y tu allan i'r bythynnod, ac roedd y Rheilffordd o'r Bala i Ffestiniog tua milltir y tu ôl i'r tai. Defnyddiwyd y rheilffordd yn flaenllaw i gludo llechi o'r chwareli ym Mlaenau Ffestiniog a mannau eraill.

Erbyn 1891, mae'r teulu'n byw yn 7 Teras Arenig yn y Bala, ychydig oddi ar y stryd fawr. Mae'r cyfrifiad yn dangos bod yr Evan Evans 40 oed yn asiant yswiriant, ei wraig Ann yn 38 (dim galwedigaeth wedi'i rhestru). Mae eu plant Evan (13 oed, a adnabyddir fel Evie) Jane (11 oed, ein Nain) ac Owen (8 oed) yn ysgol y Bala, a Herbert yn dair oed. Roedd yr hynaf, Annie, wedi gadael cartref erbyn hynny.

Ni allwn fod yn gwbl sicr pam symudodd y teulu o Islawrcoed i'r Bala, ond credwn i waith Evan fel saer maen ei weld yn dilyn rheilffordd Ffestiniog-Bala, gan weithio fel saer maen yn helpu i adeiladu pontydd ac argloddiau.

Mae galwedigaethau rhai o'u cymdogion yn Arennig Terrace yn cynnwys gwniadwraig, prentis gwniadwraig, labrwr amaethyddol, gwerthwr pysgod, llafurwr cyffredinol, gwneuthurwr platiau rheilffordd, cludwr llythyrau, coetsmon a dyn tân mewn distyllfa wisgi.

Ym 1895, symudodd y teulu o'r Bala i 2 Stryd Albert yn Wrecsam. Nid ydym yn gwybod pam. Mae cyfrifiad 1901 yn datgelu bod Evan (50 oed) unwaith eto yn gweithio fel saer maen/waliwr cerrig. Mae ei wraig Jane yn 48 oed ac ni chofnodir ei galwedigaeth.

Mae mam Jane, Ann Owens (81 oed) bellach yn byw gyda'r teulu. Y plant sy'n byw yn 2 Stryd Albert yw Owen (18), Herbert (13), Lilian (8) ac Ethel (6). Cofnodir bod Jane yn byw ym Mwcle, rhyw 12 milltir i'r gogledd o Wrecsam, yn gweithio fel morwyn tŷ yng nghartref cyfreithiwr, Mr Hawkins, gyda'i wraig a phedwar o blant. Roedd yna gogyddes a nyrs yn y tŷ hefyd. Cofnodwyd Jane a'r gogyddes fel yr unig ddau siaradwr Cymraeg ar yr aelwyd.

Galwedigaethau rhai o'r cymdogion yn Albert Street yw lliwiwr plu, clustogwr, labrwr, gorffenwr lledr a chlerc.

Islawrcoed, ger Trawsfynydd. Cafodd Nain ei geni mewn bwthyn yn y fan hon ym 1880 cyn i'r llyn gael ei greu. Ym 1880 roedd y ffordd o Gellilydan yn union y tu allan i'r bwthyn.

Gwylan a Rhian yn sefyll y tu allan i 7 Arenig Terrace yn y Bala. Roedd rhieni Nain wedi symud yma erbyn Cyfrifiad 1891. Mae Evan Evans, sy'n 40 oed, yn asiant yswiriant, ac ni chofnodwyd galwedigaeth wrth enw ei wraig Ann (38). Maent yn byw yn y Bala gyda'u plant, Evan (13 oed, a elwir yn Evie), Jane (11 oed, ein Nain) ac Owen (8 oed) sydd yn yr ysgol yn y Bala. Mae Herbert yn dair oed. Mae'r hynaf, Annie, wedi gadael cartref.

Yng nghyfrifiad 1911 y teulu yn 2 Stryd Albert yw Evan (60, bellach yn asiant yswiriant), Jane (58), Owen (28, peiriannydd nwy cynorthwyol), Lilian (18, teiliwr) ac Ethel (16, gwniadwraig). Mae'r cyfrifiad hwn yn cofnodi ymhellach i Owen gael ei eni yn Nhrawsfynydd a bod Lilian ac Ethel wedi'u geni yn y Bala. Cofnodir hefyd fod gan Evan a Jane wyth o blant, chwech ohonynt yn fyw.

Pennod tri
Dolgellau trwy'r oesoedd

Pan anwyd hen neiniau a theidiau merched Siop Newydd ar ddiwedd y 18fed ganrif a dechrau'r 19eg ganrif roedd Dolgellau, tref sirol draddodiadol Sir Feirionnydd, yn ganolfan i'r fasnach wlân a thanerdai. Roedd hefyd yn enwog am ei brethyn cartref.

Pan anwyd eu neiniau a theidiau yng nghanol y 19eg ganrif roedd y dref yng nghanol rhuthr am aur wrth i gloddio ddechrau ym Maes Aur Dolgellau – yr ardal i'r gogledd o'r Fawddach ac i'r gorllewin o'r Ganllwyd. A phan anwyd rhieni Merched Siop Newydd (Richard Jones yn 1878 a Jane Jones yn 1880), roedd y rheilffordd wedi dod i Ddolgellau ac Ysgol Dr Williams i Ferched yn croesawu ei disgyblion cyntaf.

Mae Dolgellau yn lle hynod o ryfedd. Mae tarddiad ansicr i enw'r dref. Mae 'Dôl' yn Gymraeg ar gyfer 'meadow' a 'gelli' yn golygu 'llwyn' neu 'brysglwyn', ac fe'i defnyddir yn gyffredin mewn enwau lleol am ffermydd a chilfachau cysgodol. Er mai'r ystyr mwyaf tebygol yw 'Meadow of Groves', awgrym arall yw y gallai'r enw ddeillio o'r gair 'cell', gan roi'r cyfieithiad 'Meadow of Cells', a allai ymwneud â chelloedd y mynachod yn Abaty Cymer.

Mae'r hen dref, a godwyd o amgylch y pentref canoloesol, wedi'i hamgáu gan afonydd Wnion ac Aran a llethrau Cader Idris sy'n codi i uchder o 3,000 o droedfeddi. Mae sgwâr cain (Sgwâr Eldon) yng nghanol Dolgellau, ac mae cyfres o lonydd troellog yn rhedeg trwy'r dref hyd at Gaeau'r Marian a'r afon Wnion. Dywedir bod tylwyth teg o dan bont y Bont Fawr dros yr Wnion, a adeiladwyd yn wreiddiol yn 1638 a'i hailfodeli ar ddechrau'r 19eg ganrif ac yn 1870.

Mae'r adeiladau yn yr hen dref wedi'u hadeiladu o garreg lwyd nodedig, gan roi hunaniaeth uniongyrchol i Ddolgellau sydd heb gael ei fygwth gan ymddangosiad adeiladau mwy newydd. Mae'r ffyrdd i mewn ac allan o'r dref yn gul; mae'r siopau a'r ystafelloedd te yn brysur. Mae chwe deg tri y cant o'r boblogaeth o 2,688 yn siarad Cymraeg yn ôl cyfrifiad 2011.

Disgrifia'r croniclydd Cymreig o fri Jan Morris Ddolgellau fel hyn: 'It is still a tight tumble of grey stones that might almost have fallen there in an avalanche. As you wander its crinkled passages, out of that plaza-like main square from one urban cranny to another, grey stones all around you, tall grey walls above – as you potter about town you may sometimes imagine yourself to be in some immemorially ancient burgh.'

Gan fynd ymhell yn ôl mewn amser, saif Dolgellau yng nghanol yr hyn a fu unwaith yn diroedd llwythol Celtaidd yr Ordoficiaid. Mae ychydig o ddarnau arian Rhufeinig o deyrnasiad yr Ymerawdwyr Hadrian a Trajan wedi eu darganfod yn lleol, ac mae tair bryngaer o amgylch Dolgellau.

Wedi i luoedd y Rhufeiniaid dynnu'n ôl o Brydain, daeth ardal Dolgellau dan reolaeth cyfres o benaethiaid Cymreig. Ar ddiwedd yr 11eg ganrif neu ddechrau'r 12fed ganrif

Sgwâr Eldon yn y 1940au yn edrych i fyny o dafarn y Ship. Mae Siop Newydd yn y gornel dde uchaf. Mae'r arwydd uwchben y drws yn dweud Richard Jones (enw Taid) yn hytrach na Siop Newydd.

Uchod: Sgwâr Eldon yn y bedwaredd ganrif ar bymtheg.
Uchod, ar y dde: Dadorchuddiwyd cofeb y Rhyfel Byd Cyntaf yn Sgwâr Eldon ym 1921 ac yn ddiweddarach symudwyd hi i'r parc.

Diwrnod marchnad yn Sgwâr Eldon. Band y dref yn Sgwâr Eldon.

sefydlwyd anheddiad fel maerdref, o bosibl gan Cadwgan ap Bleddyn. Ymddengys iddi aros ar y ffurf honno am ganrifoedd, oherwydd fe'i crybwyllir yn y termau hyn mewn hanesion yn ystod teyrnasiad Harri Tudur (1485-1509).

Abaty Cymer yn Llanelltyd gerllaw, a sefydlwyd ym 1198, oedd y ganolfan grefyddol bwysicaf yn lleol, ac mae'n debyg i Ddolgellau dyfu mewn pwysigrwydd o ganol y 12fed ganrif, ac fel tystiolaeth o hyn fe'i crybwyllwyd yn yr Arolwg o Feirionnydd a orchmynnwyd gan Edward I. Ymwelodd Edward â Dolgellau yn 1295.

Ceir cyfeiriad diddorol at Ddolgellau yn 1401 yn y llyfr *Cambridge County Histories: Merionethshire*...

"*Henry Hotspur, a son of the Earl of Northumberland, was at that time Justice of North Wales and Constable of its chief castles. He was commanded by the King to take action forthwith, and accordingly in May, 1401 he proceeded to Dolgelly with a strong military force. At the foot of Cader Idris he met with the forces of Owain Glyndŵr. A severe but undecided conflict took place, in which the followers of Glyndŵr fully held their ground. Hotspur did not attempt to renew the attack, nor did he pursue Glyndŵr farther, but quitted North Wales and resigned his offices of Justice and Constable.*"

Ym 1404, yn ystod gwrthryfel cenedlaethol Glyndŵr, daeth Dolgellau yn lleoliad cyngor o benaethiaid dan arweiniad Glyndŵr ei hun. Dywedir mai Glyndŵr a gynhaliodd y Senedd Gymreig olaf yma (yn 1404). Symudwyd a gosodwyd yr adeilad ym Mharc Dolerw, Y Drenewydd yn 1886. Saif siop T.H. Roberts bellach ar safle seneddol Glyndŵr.

Yn yr 16eg Ganrif, roedd yr ardal yn enwog fel tiriogaeth Gwylliaid Cochion Mawddwy. Criw o ladron o'r bryniau o gwmpas Dolgellau oedd y rhain, sy'n cael eu cofio yn llenyddiaeth werin yr ardal, yn ogystal ag mewn nifer o enwau lleoedd fel Llety Gwylliaid a Llety'r Lladron ger Bwlch yr Oerddrws. Enw'r dafarn ym Mallwyd yw Brigands' Inn.

Mae 'na ffilm od am y lladron yn archifau'r Sefydliad Ffilm Prydeinig. Cafodd ei saethu gan John W Meredith, oedd yn frwd dros sinema ac a oedd yn gweithio i gwmni peirianneg fecanyddol Thompson Brothers yn Bradley Engineering Works, Bilston, Swydd Stafford. Ynghyd â chydweithwyr, daeth i fferm Penygeulan, Llanymawddwy, ar daith wersylla flynyddol o 1929 ymlaen, ac yn 1936 saethodd Gwylliaid Cochion Mawddwy gyda ffermwyr a phentrefwyr lleol.

https://player.bfi.org.uk/free/film/watch-gwylliaid-cochion-mawddwy-bandits-of-mawddwy-1936-online

Dywedir mai Cae Camlan ger Dinas Mawddwy ychydig filltiroedd o Ddolgellau yw safle brwydr olaf y Brenin Arthur, yn seiliedig ar gyfeiriad at yr enw yn y testun canoloesol Annales Cambriae (Croniclau Cymru) sy'n trafod Brwydr Camlan.

Heddiw, mae economi Dolgellau yn dibynnu'n bennaf ar dwristiaeth er bod amaethyddiaeth yn parhau i chwarae rhan arwyddocaol, a chynhelir marchnad ffermwyr lleol yn y dref ar y trydydd dydd Sul o bob mis, a phob dydd Gwener, mae'r dref yn cynnal 'diwrnod sêl' neu arwerthiant.

Marion Eames

Roedd Marion Eames yn cael ei hystyried yn un o nofelwyr Cymraeg mwyaf ail hanner yr ugeinfed ganrif. Ganed hi i deulu Cymraeg ym Mhenbedw ond pan oedd yn bedair oed symudodd y teulu i Ddolgellau.

Roedd yn ddisgybl yn Ysgol Dr Williams o 1932 hyd 1937 ac yn ffrind da i Beryl a Hilda yn arbennig.

Gadawodd Marion yr ysgol yn 16 oed i weithio yn Llyfrgell Sir Feirionnydd yn Nolgellau. Yma, dan arweiniad y Llyfrgellydd, Miss Jane Roberts, y cafodd ei gwerthfawrogiad o lenyddiaeth Saesneg ei feithrin a'i ddatblygu ymhellach ond, yn fwy arwyddocaol, yma y cafodd ei hannog i ddod yn rhugl yn y Gymraeg, a lle tarddodd ei chariad dwfn a pharhaol at lenyddiaeth Gymraeg.

Er ei bod yn fwyaf adnabyddus fel nofelydd hanesyddol disglair roedd wedi mwynhau gyrfa lewyrchus mewn meysydd eraill. Cafodd ei chydnabod fel newyddiadurwr a golygydd blaengar a threiddgar. Roedd hi hefyd yn delynores ddawnus, a mynychodd Ysgol Gerdd y Guildhall fel myfyrwraig hŷn ym 1954.

Yn ystod ei chyfnod yno cyfarfu â'i darpar ŵr, Griffith Williams, newyddiadurwr yn Fleet Street. Priodwyd y ddau yn Llundain yn 1955. Ym 1959 fe'i penodwyd i swydd gyda'r BBC ac arhosodd gyda'r gorfforaeth hyd ei hymddeoliad yn 1980. Fel cynhyrchydd rhaglenni radio bu'n gyfrifol am raglenni blaenllaw fel *Morning Story* a *Woman's Hour* yn Saesneg a *Llais y Llenor* a *Merched yn Bennaf* yn Gymraeg.

Mewn ysgrif goffa yn 2007 ym mhapur newydd yr *Independent*, talodd yr Athro Meic Stephens deyrnged i "nofelydd hanesyddol craff" a oedd "yn un o'r awduron rhyddiaith mwyaf penigamp. Mae ei llyfrau yn cael eu hedmygu am eu hansawdd llenyddol yn gymaint ag am yr ymchwil manwl y maent yn seiliedig arno".

Dyma gerdd a ysgrifennodd tra'n ddisgybl yn Ysgol Dr Williams.

Dolgellau
By Marion Eames,
Form Vls Dr Williams' School

No city this, no million glorious lights,
No ceaseless roll, and noise of blaring horns,
No blazing hues destroy the calm of nights,
No swains of Bacchus to disturb the morns.

Dawn breaks upon the place I've learned to love,
With her dim rays lights up the grey stone walls,
And bursting on the world from up above,
The sun gleams on the rippling waterfalls.

And when the sun has finished for the day,
And spreads its splendid blanket in the west,
The stars and moon appear to light the way,
Whilst young and old alike retire to rest,

Oh God! One earnest prayer I send this night,
That man will ne'er destroy this peaceful sight.

Llinell amser

1198 (c) Sefydlu Abaty Cymer gan Maredudd ap Cynan (Arglwydd Meirionnydd).
1209 Rhoi Siarter i Abaty Cymer gan Llywelyn Fawr.
1253 Trethiant Norwich yn cyfeirio at Eglwys y Santes Fair 'Dolkelew', y cofnod ysgrifenedig cyntaf o'r eglwys ac o enw'r dref.
1284 Dyfarnu iawndal o £80 i Abaty Cymer am ddifrod a achoswyd gan y rhyfeloedd yn erbyn Lloegr.
1291 Adeiladu Eglwys St. Illtyd, Llanelltyd.
1295 Edward I yn ymweld â Dolgellau.
1400 Dechrau'r gwrthryfel dan arweiniad Owain Glyndŵr.
1404 Dolgellau'n lleoliad senedd olaf Cymru o dan Owain Glyndŵr.
1536 Cau Abaty Cymer dan Ddiddymiad y Mynachlogydd.
1606 Adeiladu Hen Neuadd y Dref (Y Sosban).
1638 Adeiladu'r Bont Fawr ar draws yr afon Wnion. Yn wreiddiol roedd ganddi ddeg bwa; collwyd tri bwa pan adeiladwyd y rheilffordd yn y 19eg ganrif.
1640au Yn ystod y Rhyfel Cartref, atgyfnerthwyd Dolgellau gan luoedd brenhinol, ond gorchfygwyd hwy gan filwyr seneddol o dan Syr Edward Vaughan.
1657 Y Crynwyr yn ymsefydlu'n Nolgellau yn dilyn ymweliad gan George Fox.
1665 Ysgol ramadeg rad ac am ddim yn cael ei sefydlu gan John Ellis.
1716 Hen Eglwys y Santes Fair yn cael ei dymchwel; carchar tref yn cael ei adeiladu lle saif Gwesty Clifton House heddiw.
1750 Sylfaenydd Methodistiaeth, John Wesley, yn ymweld â Dolgellau.
1755 (c) Ffordd newydd i'r Bala'n cael ei hadeiladu.
1794 Achosion o'r frech wen yn lladd 36 o bobl.
1801 Poblogaeth Dolgellau yn 2,949.
1803 Banc cyntaf y dref yn agor ei ddrysau.
1865 Darganfod dyddodion aur mawr yng ngwythïen Dewi Sant, Mwynglawdd Clogau yn y Bontddu, i'r gogledd o Aber Afon Mawddach rhwng Dolgellau a'r Bermo. Mwynglawdd copr oedd Clogau yn wreiddiol.
1868 Y rheilffordd yn cyrraedd Dolgellau.
1878 Sefydlu Ysgol Dr Williams i Ferched.
1879 Adeiladu pont doll Llyn Penmaen ar draws y Fawddach.

1911	Poblogaeth Dolgellau yn 2,160.
1913	Llyfrgell Rad Ac Institiwt Dolgellau yn agor ym mis Mai.
1949	Dolgellau'n cynnal yr Eisteddfod Genedlaethol.
1949	Y Frenhines Elizabeth II yn ymweld â Dolgellau.
1960	Dolgellau yn cynnal Eisteddfod Genedlaethol yr Urdd.
1964	Gorsaf reilffordd Dolgellau yn cau.
1966	Pymtheg o bobl yn boddi pan fo fferi'r Prince of Wales, o'r Bermo, yn gwrthdaro â phont Llyn Penmaen ac yn suddo ar 22 Gorffennaf.
1969	Sinema'r Plaza'n cau.
1974	O dan Ddeddf Llywodraeth Leol (1972), Dolgellau'n dod yn ganolfan weinyddol i Feirionnydd, ardal o sir Gwynedd.
1975	Ysgol Dr Williams i Ferched yn cau.
1992	Sesiwn Fawr Dolgellau, gŵyl gerddorol flynyddol, yn cael ei chynnal am y tro cyntaf.
1994	Dolgellau yn cynnal Eisteddfod Genedlaethol yr Urdd.
1998	Cynhyrchu aur ym mwynglawdd Gwynfynydd ger Ganllwyd, un o'r unig ffynonellau aur Cymreig, yn dod i ben.
2001	Poblogaeth Dolgellau yn 2,678.
2011	Poblogaeth Dolgellau yn 2,688.
2020	Poblogaeth Dolgellau yn 2,729.

Pennod pedwar
Siop Newydd

Mae'n bosibl bod yr adeilad gwreiddiol ar safle Siop Newydd yn dyddio'n ôl cyn belled â'r ail ganrif ar bymtheg, neu hyd yn oed yr unfed ganrif ar bymtheg.

Yn ôl adroddiad ar gyfer awdurdod Parc Cenedlaethol Eryri, mae trawst pren yn seler yr adeilad yn debyg i'r rhai a ddefnyddiwyd mewn adeiladau yn y 1500au a'r 1600au. Fodd bynnag, mae'r adeilad presennol yn fwy tebygol o ddyddio'n ôl i'r 1820au - tua'r un cyfnod â Phlas Canol.

Er bod y merched wedi eu magu yn Siop Newydd nid ydym wedi gallu medru darganfod yr union ddyddiad y sefydlodd Nain a Taid y siop, a oedd yn ei hanfod yn siop nwyddau caled. Er y cyfeirir ati bob amser fel Siop Newydd roedd yr arwydd ar flaen y siop yn arddangos enw Taid – Richard Jones. Mae'n peri dryswch bod hysbyseb o 1876 ac anfoneb o 1874 yn dangos mai Richard Jones oedd enw'r siop bryd hynny. Ond ni chafodd Taid ei eni tan 1878, felly ni all fod yr un Richard Jones.

Siop Newydd: atgofion Rhian

Y gegin oedd y canolbwynt, ac roedd wastad rhywun yno yn paratoi bwyd a choginio. Dw i'n meddwl mai Doris oedd y brif gogyddes.

Roedd Siop Newydd yn fan ymgynnull i'r teulu, yn enwedig yn ystod gwyliau haf yr ysgol. Yno y byddem yn cyfarfod â'n cefndryd o Rochdale, er, yn ddealladwy, anaml y byddem yno gyda'n gilydd yn hir.

Dydw i ddim yn cofio llawer am y llofftydd, heblaw fy mod i'n arfer dringo i'r gwely at Nain yn y bore pan o'n i'n fach iawn, a byddai'n dweud straeon wrtha i - weithiau yn Saesneg, sy'n rhyfedd o feddwl yn ôl, ond am wn i bod hynny am y rheswm weithiau y byddai rhan o deulu Rochdale yno hefyd. Byddwn yn swnian arni i adrodd stori arall eto, ond pan fyddai wedi cael digon byddai'n dweud y stori am y locustiaid. Y cyfan y gallaf ei gofio yw ei fod yn ymwneud â phla o locustiaid a byddai'n llafarganu 'Ac yna daeth locust arall â gronyn arall o dywod', drosodd a throsodd. Pan oedden ni eisiau gwybod beth oedd yn digwydd nesaf, byddai hi'n dweud – 'Wel, dydyn nhw ddim wedi dod â digon o dywod eto'.

Stori arall oedd un am Dywysog yn dewis gwraig. Roedd dewis o dair ac roedden nhw i gyd yn hardd, ac ni allai benderfynu pa un i'w chymryd. Penderfynodd yn graff ofyn iddynt, ar wahân, i dorri'r croen oddi ar ddarn o gaws. Dewisodd yr un a dorrodd y croen yn 'ganolig' oddi ar y talp – felly, ddim yn rhy gybyddlyd, a ddim yn rhy afradlon.

Roedd dwy ystafell atig gyda phob math o sborion i'w harchwilio ar ddiwrnod glawog. Roedden ni i gyd wrth ein bodd yn rheibio drwy'r blychau a'r bagiau. Roedd yna fygydau nwy nad oeddwn i erioed wedi gweld y fath bethau yn Ynys Môn, llawer o hen ddillad, hetiau, dillad gwely a deunyddiau – ar gyfer gwisgo i fyny wrth gwrs,

Nain a Taid y tu allan i Siop Newydd gyda Doris (rydyn ni'n meddwl). Siop anrhegion Sulis oedd y siop am sawl blwyddyn yn y 2000au ac yn 2024 ei henw oedd Hunky Dory Antiques Vintage and Collectables.

llond gwlad o focsys o fotymau a hen emwaith wedi torri, hen racedi tennis, eitemau tŷ, llyfrau a chylchgronau – popeth dan haul.

Roedd y brif gegin yn yr islawr a dyna lle'r oedden ni'n bwyta'n bennaf, ond roedd yna ystafell fwyta ar gyfer prydau mwy ffurfiol, fel cinio dydd Sul neu pan oedd mwy o deulu'n ymgynnull. Roedd ynddi fwrdd mawr trwchus lliw melyn gyda dalennau i'w alluogi i ymestyn. Roedd ei goesau wedi'u cerfio'n addurnol a dwi'n credu fod ganddo gastorau. Ar y silff ffenestr roedd llyfr MAWR. Un diwrnod roedd hi'n bwrw glaw yn drwm ac roeddwn i wedi diflasu, ac mae'n debyg fy mod i eisiau edrych allan o'r ffenestr. Dringais i fyny ac eistedd ar y llyfr. Camgymeriad mawr – gwaeddwyd arnaf – BEIBL oedd o. Roedd Nain yn llym iawn ynglŷn â'r hyn y gallem ac na allem ei wneud, yn enwedig ar ddydd Sul. Nid oedd hwnnw'n ddiwrnod 'arferol'.

Yr ystafell fyw ar y llawr cyntaf oedd yn edrych dros y Sgwâr oedd fy hoff ystafell. Roedd yn fawr, a gallech wylio'r holl brysurdeb y tu allan, gan gynnwys digwyddiadau mawr (mi oedd yna rai, ond nid wyf yn siŵr pa rai yn union oeddynt). Dyma lle roedd Joseph fy nghefnder yn arfer actio rhan 'pregethwr' yn drawiadol iawn. Ond David, ei frawd, aeth yn weinidog yn y pen draw. Dyma'r lle y byddem yn mynd amlaf pan oedd hi'n bwrw glaw, i chwarae gemau o ryw fath neu'i gilydd.

Roedd y siop ei hun o dan yr ystafell fyw, a doedden ni ddim yn cael mynd i mewn yn aml. Roedd estyll llawr plaen, a rheseli o roliau papur wal y mae gen i gof o geisio eu dringo ar hyd un wal, ac roedd arogl nodedig iawn (a dymunol) pwti a gwirod methyl.

Doedd dim gardd, ond tramwyfa – Y Fynedfa – i mewn i iard gefn, a oedd yn cael ei rhannu gan y siop esgidiau drws nesaf a gweithdy cryddion 'Yncl' Gwilym a Mr Roberts. Ar dop yr iard roedd drws cefn Plas Canol, ac wrth ei ochr roedd y fynedfa i'r 'adeiladau' lle roedd Taid yn cadw ei holl ddeunyddiau ac offer ar gyfer ei fusnes peintio ac addurno. Yr oedd yn dywyll yno, ac yr oedd yna ystol ? yn arwain i fath o groglofft. Mae gen i atgof nad oedd cyflwr y to yn rhy dda, ac roedd hi bob amser yn oer yno.

Roedd cefn un drws wedi'i orchuddio â rhediadau trwchus o baent - dwi'n tybio o gamau cyntaf glanhau brwshys dirifedi. Roedd cofnod hefyd o daldra'r merched ar bostyn/wal, a oedd yn dal i fod yno pan ymwelon ni flynyddoedd yn ddiweddarach.

Wrth gwrs, os oedden ni yn Nolgellau ar y Sul roedd rhaid mynd i'r Capel – glaw neu hindda. Yr oedd yn bur wahanol i'r eglwys yr oeddem ni wedi arfer â hi. Roedd y Set Fawr yn y blaen, gyda'r Diaconiaid yn eistedd yno'n ein hwynebu. Roedd Taid wedi bod yn un. Ond y peth gwaethaf i ni oedd bod yn rhaid i ni fynd i'r blaen ac adrodd pennill yr oeddem wedi'i ddysgu. Roedd pob un ohonom eisiau dweud 'Duw cariad yw', ond dim ond yr ieuengaf oedd yn cael caniatâd i wneud hynny.

Roedd mynd am dro yn nodwedd o aros yn Siop Newydd. Yn ogystal â Llwybr Clywedog a Llwybr Cynwch – y ddwy yn anturiaethau – roedden ni'n arfer mynd ar daith gylch rownd y dref hyd at y 'goeden unig' ar hyd y llwybr uwchben y dref, yna lawr gyda'r afon Aran, oedd yn llifo'n frown oherwydd y tanws, ac yn ôl trwy'r Sgwâr. Roedd llawer o'r teithiau cerdded hefyd ar gyfer chwilota - unrhyw beth oedd yn digwydd bod yn eu tymor.

Roeddem weithiau'n anturio i fyny Cader Idris – taith gerdded galed a hir iawn i blant bach. Dwi'n meddwl mai dim ond rhyw saith neu wyth oeddwn i pan es i gyntaf (arhosodd y rhai iau ar ôl) a chawsom lifft ar hyd rhan gyntaf y ffordd. Roedd Foxes Path yn frawychus, ac roedd yn ddiwrnod blinedig iawn. Ond roedd yn wych - fy mynydd go iawn cyntaf.

Roedden ni'n arfer chwarae yn y brif afon, yr Wnion – taflu cerrig, adeiladu pyllau ac argaeau bychain, gwylio pysgod bach (brithyll am wn i), a chreaduriaid dŵr amrywiol eraill. Byddem yn rhoi cynnig ar bysgota ond dwi ddim yn cofio dal dim byd. Gallem grwydro o gwmpas y Marian a'r Parc. Dwi'n meddwl bod Taid yn arfer chwarae bowls yn y Parc.

Uchafbwynt i ni Fonwysion oedd swper pysgod a sglodion. Doedden ni ddim yn byw mewn pentref hyd yn oed, felly doeddem ni byth yn cael y fath beth gartref. Roedd yn bleser cerdded yn ddisgwylgar ar nos Wener, ac aros yn y ciw wedi'n hamgylchynu gan glebran ac arogl cynnes pysgod a sglodion.

Doedd dim i guro mynd i'r traeth yn Bermo ar y trên. Roedd asynnod ar gyfer reidiau, ac roedd 'hwyaid' DKS ar ôl o'r rhyfel. Roedden nhw fel tanciau ac yn gallu mynd ar dir a dŵr. Roeddem wrth ein bodd â'r rheini a gwelsom lamidyddion yn plymio o dan ac o amgylch y cerbydau. Roedd Nain yn seren ac roedd yn rhaid i ni gyd ymuno â hi i balu pwll mawr gyda 'sedd' o amgylch y tu mewn i ni gyd eistedd arno ar gyfer ein picnic.

Wedyn roedd y trenau – doedd y rheini ddim i'w cael ym Môn chwaith – o leiaf, ddim yn agos atom ni. Roedden ni'n arfer mynd ar ein pennau ein hunain i'r orsaf yn aml i'w gwylio. Roedden ni'n wylwyr trenau heb sylweddoli hynny, ac yn nodi rhifau'r trenau oedd yn mynd a dod - yr un rhai drosodd a throsodd dwi'n dychmygu. Roedd staff y rheilffordd yn amlwg yn sylwi arnom ni oherwydd roedden nhw'n siarad â ni, ac ar ôl ychydig fe wnaethon nhw ganiatáu i ni wneud y pethau mwyaf rhyfeddol. Roedd un ohonyn nhw 'yn gyfrifol amdanom' – byddwn yn hoffi cofio ei enw – roedd yn byw ger y Sgwâr, dwi'n meddwl. Dwi hefyd yn meddwl ei fod yn ffrind i'r teulu. Dwi'n amau ei fod mewn gwirionedd yn peryglu ei swydd. Mi gawsom fynd i'r blwch signal i weld yr holl liferi a sut roedden nhw'n gweithio, ac i mewn i'r injan pan oedd siyntio yn digwydd yn yr iard nwyddau. Mae gen i gof o fynd mewn injan (dim 'trên') i Benmaenpwl ac yn ôl – a ddigwyddodd hynny mewn gwirionedd? Wrth edrych yn ôl dwi'n synnu at yr hyn yr oeddem yn gallu ei wneud yn y dyddiau hynny. Cawsom ryddid fel na bu o'r fath.

Siop Newydd: atgofion Alan

Y peth cyntaf dwi'n ei gofio am y siop ydi bod yna fasged ddillad wiail ar y llawr ychydig y tu fewn i'r drws, yn llawn cwpanau a soseri. Roedd paent o Goodlass Walls ac roedd eu teithiwr yn ymweld yn eithaf aml. Doi teithwyr eraill hefyd ond yn bendant roedd hwn yn dod yn amlach. Yn y gornel chwith tua'r cefn, roedd rholiau o bapur wal yn hongian ac roedd yn edrych fel petai'r adran honno'n agored i'r llawr uwchben ond dwi ddim yn siŵr am hynny. Roedd y siop yn llawn o stwff. Roedd Anti Doris yn gweithio yn y siop.

Ar y landin, dwi'n cofio cael fy nangos sut i farneisio darn o ddodrefn heb golli dim ar y llawr. Dwi'n cofio'r ystafell fyw i fyny'r grisiau ym mlaen yr adeilad. Roedd hi'n edrych dros y sgwâr ac roeddwn yn eistedd yn y sil ffenestr yno i wylio.

Pan oedden ni'n ymweld, roedden ni'n bwyta wrth y bwrdd yn yr ystafell gefn, y 'parlwr'. Y bwrdd hwnnw oedd yr un roedden ni i gyd yn chwarae oddi tano wedyn ym Mhlas Canol, yr un â llawer o ddalennau. Fodd bynnag, pan oedd Lottie yn blentyn, roedden nhw'n bwyta i lawr grisiau yn y gegin yn y seler. Rwy'n cofio sioeau 'magic lantern' yn y seler.

Roedd gan Nain forwyn a oedd yn dod â phaned o ddŵr poeth iddi'r peth cyntaf bob bore.

Y tu allan i Blas Canol, yn y cefn, y tu ôl i'r waliau cerrig, roedd raciau ysgolion y byddai Taid a'r dynion yn rhoi eu hysgolion i gyd arnynt. Roedden nhw'n fachau pren trwchus hir yn sticio allan o'r wal. Cofiaf fod afalau wedi'u lapio mewn papur newydd yn cael eu storio yn ystafelloedd i fyny'r grisiau yn yr 'adeiladau'.

Ar ochr arall y 'Fynedfa' o Siop Newydd roedd garej Taid. Roedd ganddo falconi mewnol y gallech chi gerdded o'i gwmpas ac edrych i lawr.

Dwi'n cofio siop grydd 'Yncl' Gwilym yn iard gefn Plas Canol.

Roedd siop esgidiau'r drws nesaf i Siop Newydd, yna siop y cigydd. Mi dreuliais dipyn o amser gyda'r cigydd. Dwi'n cofio helpu gyda'r peiriant gwneud selsig, ac roeddwn yn aml yn mynd hefo fo i'r lladd-dy. Roedd yn eithaf gwaedlyd ond wnes i ddim cymryd ataf.

Dwi'n cofio mynd a bwced i'r Marian i bysgota am frithyll. Roedd Yncl Peter yn arfer pysgota llawer ac yn dod â physgod i ni.

Roedden ni'n arfer cerdded yr holl ffordd i Lanfachreth i ymweld â pherthnasau.

'Yncl' George oedd yr orsaffeistr yng ngorsaf Bontnewydd. Ef oedd yn gyfrifol am yr orsaf, y blwch signal a'r groesfan reilffordd. Roedden ni'n arfer mynd yno i chwarae.

Dwi'n cofio mynd i'r Ganllwyd lle roedd rhyw gysylltiad teuluol, neu ffrindiau. Dwi'n cofio porthdy neu fwthyn wrth ymyl yr afon.

Pan oeddwn yn ymweld â Dolgellau yn fy arddegau (canol y 1950au) es i gyda rhai hogiau lleol i Flaenau Ffestiniog am noson allan yn dawnsio.

Mi aethon ni am deithiau cerdded yn aml, fel Rhodfa'r Llethr Newydd a Llwybr Cynwch. Roedd rhyw gysylltiad â bwthyn yn uchel i fyny gyferbyn â Llyn Penmaen, yr ochr arall i'r aber, mewn ardal lle'r oedd 'panio am aur'... dwi'n meddwl yn yr ardal o'r lle daw aur Clogau rwan.

Roeddem yn mynd i Ysgol Sul Capel Jwda, a gallaf gofio Anti May yn ceisio ein dysgu i ganu. Wedyn roedd rhaid dysgu pennill i'w adrodd yn y 'Set Fawr'. Ar ôl cinio dydd Sul, byddai taith gerdded, efallai i fyny Ffordd Cader neu Gader Idris. Weithiau, roedden ni'n mynd i'r cyfeiriad arall, dros Bont yr Aran ac i fyny i'r dde.

Roeddem hefyd yn ymweld â Hilda a Mihangel yn Fairbourne a Phil ac Arthur yn Llwyngwril, lle'r oedd yn blismon. Roedd gan eu tŷ yn Llwyngwril ardd fechan o'i flaen, a giât. Roedd ganddo gar MG ac fe›i gyrrai'n gyflym iawn ar hyd y ffordd syth yn Fairbourne. Yr oedd ei dad yn orsaffeistr yng Ngharrog, rhwng Corwen a Llangollen, a arferai fod y brif linell o Riwabon i'r Bermo.

Pennod pump
Plas Canol

Atgofion Richard

Er bod y chwiorydd yn ystyried Siop Newydd fel eu cartref (dyma'r unig le y buont i gyd yn byw yno ar yr un pryd), mae'r rhan fwyaf o'r cefndryd a'r cyfnitherod yn meddwl am Blas Canol fel tŷ Nain ac Anti May.

Er ei fod yng nghanol Dolgellau, mae Plas Canol yn guddiedig oherwydd ei fod wedi'i osod yn ôl o dŷ gwely a brecwast drws nesaf Ivy House, ac mae yna lwybr byr at y drws ffrynt sy'n troi i ffwrdd i'r chwith o'r giât.

Adeiladwyd Plas Canol ac Ivy House tua 1829, a chredwn fod Nain a Taid wedi symud yno pan briodwyd hwy yn 1905. Dydyn ni ddim yn gwybod os oedd y tŷ eisoes yn y teulu, os gwnaethon nhw ei brynu, neu os oedd yn cael ei rentu.

Rydyn ni'n gwybod bod y tair merch gyntaf (Phyllis, Nanw a May) wedi eu geni ym Mhlas Canol, cyn i'r teulu symud i Dŷ Victoria, ac yna Siop Newydd.

Pan symudodd y teulu o Blas Canol roedd chwaer Taid, Laura, a'i gŵr Edward, yn byw yno, ynghyd â dynes o'r enw Miss Castle. Fe'u rhestrir yn archifau Dolgellau fel y trigolion yn 1925. Soniodd Hilda lawer am Miss Castle. Rhoddodd anrheg iddi pan oedd Hilda yn 'Rose Queen' yn 1932. Mae'n dal i fod gan Gwylan; addurn o ferch fach. Roedd Hilda yn cofio Miss Castle yn dda ac yn cofio bod ganddi gydymaith gyda hi (efallai nad oedd ganddi hawl i bleidleisio?) ac roedden nhw'n byw yn y lolfa fawr.

Mae yna awgrym fod yna ddadl ynglŷn â pherchnogaeth y tŷ, ac roedd y preswylwyr yn gyndyn o adael pan oedd Nain ac Anti May eisiau symud yn ôl ar ôl gadael Siop Newydd.

Mae naws Môr y Canoldir i Blas Canol. Mae wedi ei adeiladu o garreg lwyd Dolgellau ac mae ganddo do llechi isel ar lethr. Mae feranda dros y blaen ac mae darn crwn yn amgáu gardd lawnt. Mae'r tŷ yn wynebu'r de orllewin felly mae ganddo haul trwy'r dydd.

Mae wal gerrig fawr yn gwahanu gardd flaen Plas Canol oddi wrth dai mawr yr un cyfnod ar yr ochr arall.

Y tu mewn, mae Plas Canol yn gymesur iawn. Mae grisiau llydan i'r chwith wrth i chi fynd i mewn yn arwain i fyny at y dair ystafell wely, yr ystafell ymolchi a'r toiled ar wahân.

Ar y dde mae'r parlwr (lle roedd Miss Castle yn byw), sy'n cynnwys piano Anti May a'r teledu.

Mae'r twll dan staer mawr, neu sbensh, ar y chwith wrth ymyl drws yr ystafell fyw. Y stafell fyw ydi'r lle dwi'n cofio Nain wastad yn eistedd, yn aml efo beibl braille mawr ar hambwrdd gwely ar olwynion.

Dwi'n meddwl bod yr holl gefndryd a'r cyfnitherod yn cofio'r bwrdd a oedd yn

Plas Canol: Roedd y teulu'n byw yma cyn symud i Victoria House tua 1912 a Siop Newydd tua 1922. Dychwelodd Nain ac Anti May i Blas Canol ar ôl gadael Siop Newydd.

ganolbwynt yr ystafell fyw ynghyd â'r seld hynafol. Roedd y bwrdd yn enfawr gyda choesau cerfiedig trwchus. Mae'n debyg bod ganddo ddalennau, a gellid ei ymestyn i ddarparu ar gyfer mwy na dwsin o bobl yn gyfforddus.

Yn blant, roedd Dafydd a minnau yn eistedd wrth gefn y bwrdd gyda'n rhieni ar y dde a Nain ar y chwith. Eisteddai Anti May yn ein hwynebu fel bod ganddi fynediad hawdd i'r gegin.

Pe caniateid i ni adael y bwrdd yn gynnar, roeddem yn cropian oddi tano trwy yr hyn a ymddangosai fel coedwig o goesau pren a dynol.

Mae'n debyg i'r bwrdd ddod o dŷ mawr ger Ganllwyd lle roedd Taid yn gweithio ar un adeg.

Roedd cegin Plas Canol yn gul ac yn rhedeg ar hyd cefn y tŷ. Rwy'n cofio bod Anti May wedi cael peiriant te ar y wal, ac roedd ardal yn y cefn gyda chypyrddau ac oergell hynafol a oedd bob amser yn cynnwys jwg o sgwash lemwn.

Roedd y drws cefn yn agor ar iard yng nghefn Ivy House a Siop Newydd.

Pan oedden ni'n fach roedd yr iard yn cynnwys gweithdy bach i gryddion. Dyma lle byddech chi'n dod o hyd i 'Yncl' Gwilym a Mr Roberts. Dydw i ddim yn meddwl bod Mr Roberts yn siarad llawer o Saesneg, ond roedden ni wrth ein bodd yn mynd ac eistedd yn y gweithdy, a siarad â Gwilym. Os cerdda i mewn i siop crydd yn awr (bron i 60 mlynedd yn ddiweddarach), mae arogl y lledr yn mynd â mi'n syth yn ôl i weithdy Gwilym.

Mae drws pren mawr ar waelod yr iard yn agor i'r lôn ar ben y sgwâr.

Plas Canol yw lle'r oedd y teulu'n byw, a'r drws nesaf (ond yr un adeilad) yn adfail.

Mae bellach wedi'i adfer a'i wneud yn fflat. Dyma lle roedd Taid yn storio ei ysgolion a'i gyflenwadau paent.

Dywedwyd wrthym ei fod yn adfail oherwydd i dân fod yno flynyddoedd lawer yn ôl. Roedd wastad yn ein taro'n od ei fod wedi parhau i fod yn adfail am gynifer o flynyddoedd. Er y siarswyd ni i beidio, byddai Dafydd a minnau yn chwarae yno ac yn dringo gweddillion y grisiau simsan. Roedd cistiau storio i fyny yno. Roedd y rhan fwyaf ohonyn nhw dan glo ond daethon ni o hyd i faner Draig Goch anferth yn un ohonyn nhw.

Yn un o ardaloedd storio carreg yr hen adeilad roedd merched Siop Newydd wedi mesur eu taldra a chrafu eu henwau i'r garreg wrth ymyl y marciau.

Tybed a yw'r enwau hynny yno o hyd...

Pennod chwech
Ysgol Dr Williams i Ferched

Mynychodd pob un o wyth merch Siop Newydd Ysgol Dr Williams, a agorodd yn 1878 ac a oedd yn dirnod cyfarwydd yn Nolgellau hyd nes iddi gau yn 1975. Ar hyn o bryd mae'r adeilad yn gartref i Goleg Meirion Dwyfor, coleg trydyddol sy'n gwasanaethu disgyblion hŷn ysgolion uwchradd Meirionnydd a Dwyfor.

Yn ôl Merfyn Wyn Thomas yn ei lyfr *Honor Before Honours: The DWS Story* (Nereus, £15), mae gwreiddiau'r ysgol yn mynd yn ôl i 1716 pan adawodd Dr Daniel Williams, gweinidog anghydffurfiol amlwg o ardal Wrecsam, y swm enfawr o £50,000 yn ei ewyllys. Rhoddodd yr ewyllys yr arian yn nwylo 23 o ymddiriedolwyr oedd i sefydlu ysgol yn Chelmsford, Essex, a saith arall yng Nghymru.

Dros 150 mlynedd yn ddiweddarach bu Deddf Ysgolion Gwaddoledig 1869 yn gatalydd ar gyfer darparu ysgolion newydd. Penderfynwyd y dylid defnyddio Ymddiriedolaeth Dr Williams i waddoli ysgol uwchradd yng Ngogledd Cymru.

Ystyriwyd safleoedd amrywiol ar gyfer yr ysgol newydd, gyda Chaernarfon a Dolgellau yn codi i'r brig yn y pen draw fel y lleoliadau mwyaf addas. Cytunwyd hefyd y dylai'r sefydliad newydd fod yn ysgol i ferched. Roedd peth pryder y gallai presenoldeb barics milwrol yng Nghaernarfon dynnu sylw'r merched ifanc. Er hyn cynigiwyd y gwaddol i Gaernarfon cyn belled ag y gellid codi £1,000 yn lleol, ac y gallai'r dref ddarparu dwy erw o dir adeiladu da.

Nid oedd Caernarfon yn gallu cwrdd â'r gofynion hyn, felly Dolgellau oedd y lleoliad dewisol, a daeth y dref o hyd i bencampwr dros ei achos yn Samuel Holland (1803-1892). Holland oedd AS Rhyddfrydol Meirionnydd o 1870-1885. Yn 1875, ymsefydlodd yn Neuadd Caerdeon, ger y Bontddu. Roedd ei gysylltiad â'r sir yn dyddio'n ôl i 1821, pan anfonwyd ef o Lerpwl gan ei dad i oruchwylio gwaith yn y chwarel lechi newydd ym Mlaenau Ffestiniog.

Ar Hydref 20, 1874, cynhaliodd Holland gyfarfod cyhoeddus yn Neuadd y Sir, Dolgellau i gael cefnogaeth leol, a rhoddodd gychwyn ar bethau gyda chyfraniad personol o £100. Llwyddodd y cynllun i ennyn cefnogaeth y cyhoedd, ond yna fe ailymddangosodd Caernarfon fel cydymgeisydd pan addawodd y maer oedd newydd ei ethol, Lewis Lewis, £500 ar gyfer ysgol yn y dref. Os rhywbeth, fe wnaeth y gystadleuaeth o Gaernarfon galedu'r cefnogaeth yn Nolgellau ac erbyn Ionawr 19, 1875, adroddodd Holland i'r Ymddiriedolwyr fod £1,400 wedi ei danysgrifio i'r gronfa adeiladu.

Prynodd Holland 12.5 erw o dir gan John Vaughan yn Nannau ger Dolgellau am £2,650, a rhoddodd ddwy erw i'r ysgol ar safle ychydig y tu allan i'r dref ar ffordd y Bermo.

Cynhaliwyd cyfarfod cyntaf llywodraethwyr YDW nos Fercher, Medi 15, 1875 yn yr Ystafelloedd Cyhoeddus (Neuadd Idris a Thŷ Siamas yn ddiweddarach). Penodwyd

Samuel Holland yn Gadeirydd. Ym mis Ionawr 1876 rhoddodd y Llywodraethwyr y cytundeb adeiladu i'r Meistri Richard Jones ac Edward Evans, adeiladwyr o Arthog, am £2,096. Amcangyfrifwyd y byddai angen £2,000 arall i adeiladu tŷ meistresi mwy ar gyfer disgyblion preswyl, i adeiladu wal o amgylch y tiroedd ac ar gyfer costau eraill. O ganlyniad, apeliodd Samuel Holland am ragor o arian. Yn y diwedd codwyd mwy na £2,700 gyda rhoddion yn amrywio o £150 i hanner coron. Cyfrannodd masnachwyr Dolgellau mewn niferoedd sylweddol.

Gosodwyd carreg sylfaen yr ysgol gan Mrs Caroline Jane Holland, gwraig Samuel Holland, ddydd Iau, Medi 21, 1876. Bu'n seremoni a wnaeth argraff. Caeodd holl siopau'r dref am hanner dydd a chynhaliwyd cinio cyhoeddus yng Ngwesty'r Royal Ship ar gost o dri swllt y pen. Gadawodd gorymdaith dan arweiniad band y dref Sgwâr Eldon i gyrraedd y safle erbyn 3.30 y prynhawn.

Penodwyd Miss Emily Armstrong, LLA (Anrh) yn brifathrawes gyntaf ar Fedi 8, 1877, ac agorwyd yr ysgol ar Chwefror 8, 1878, gyda dyfodiad y disgyblion preswyl cyntaf.

Miss Nightingale

Bu Miss Ellen Constance Nightingale yn brifathrawes rhwng 1924 a 1940 felly byddai holl ferched Siop Newydd heblaw Phil a Nanw wedi bod yn yr ysgol yn ystod ei chyfnod yno. Ymddengys ei bod yn ddynes ryfeddol, ac yn sicr fe adawodd argraff barhaol ar y merched.

Caiff ei disgrifio fel hyn ar wefan Dr Williams:

"An intellectual and visionary headmistress who was tall, imposing and elegant in colourful Eastern style shawls. She was a member of the 'Friends' and her trust and belief in her pupils derived in large measure from the Quaker belief 'respect for every person, regardless of rank or status and in the essential goodness of everyone'.

"During her tenure, no girl received a punishment for a misdemeanour but was encouraged to look to her conscience.

"Miss Nightingale was a remarkable woman who taught not so much about Latin texts or Old Testament religion but about compassion, the love of beauty surrounding us, about integrity and about the power of silence."

Pennod saith

Cader Idris

Mae Cader Idris yn un o fynyddoedd mwyaf eiconig Cymru. Mae tua 893m o uchder, yn sefyll wrth borth deheuol Eryri, yn edrych dros Ddolgellau. Y tri chopa yw Pen y Gadair, Cyfrwy a Mynydd Moel. Yn y cwm hanner ffordd i lawr y mynydd mae Llyn Cau, llyn diwaelod yn ôl y sôn. Yn wir, dywedir bod nifer o'r llynnoedd cyfagos - megis Llyn Mwyngil (a adwaenir yn gyffredin fel llyn Tal-y-Llyn) yn ddiwaelod.

Mae Idris yn ymddangos ar sawl ffurf yn y traddodiad Cymreig – fel cawr, tywysog a seryddwr. Un o'r chwedlau a adroddwyd am y cawr yw ei fod yn eistedd ar ei gadair fawr un diwrnod, pan deimlodd ddarnau o raean y tu mewn i'w esgidiau. Fe'u tynnodd allan, a'u taflu i lawr ochr y mynydd. Dywedir mai'r tair carreg fawr sy'n gorffwys wrth droed y mynydd yw'r darnau o raean trafferthus yna. Mae stori arall yn sôn am Idris yn taflu darnau o raean ar draws yr ardal. Mae dwy garreg arall, ar ochr chwith y ffordd drwy'r bwlch wrth i chi anelu am Ddolgellau, yn gysylltiedig â'r stori hon. Taflwyd y fwyaf ar draws y ffordd o'r encilfa gan Idris ac mae'r llall, sy'n llai, mae'n debyg wedi'i rhoi yno gan ei wraig.

Mae'n bosibl mai Idris oedd Idris ap Gwyddno o Feirionnydd a fu farw yn 632 OC, ac a gofnodir yn achau Harleian. Fe'i nodir fel mab Gwyddno y mae rhai wedi'i gysylltu â'r gŵr hwnnw o'r un enw - Gwyddno Garanhir, perchennog neu reolwr y Cantref Isaf, neu Gantre'r Gwaelod (mae cantref neu gant yn ardal o dir). Mewn nant o fewn tiroedd Gwyddno y daethpwyd o hyd i'r bardd lled-hanesyddol a'r arwr Cymreig gweledigaethol Taliesin, yn arnofio mewn basged ar noswyl Calan Mai.

Mae'n apelgar i gysylltu'r ceinciau mytholegol hyn yn hanesyddol. Mewn gwirionedd, fodd bynnag, efallai na fyddwn byth yn gwybod a oedd Idris yn dywysog Meirionnydd go iawn ar un adeg. Tywysog y gwnaeth ei fri neu ei ddawn milwrol beri iddo ddod yn 'gawr' ymhlith dynion, a'i anfarwoli fel cawr Cader Idris, p'un ai'n hytrach mai cynnyrch chwedlau gwerin lleol a dychymyg byw, wedi'i danio gan y dirwedd ddramatig a'r tywydd cyfnewidiol o fynyddoedd Eryri, ydyw.

Er bod y mynydd yn cael ei gysylltu'n bennaf ag Idris y cawr, weithiau cyfeirir ato hefyd fel Sedd Arthur - gan gyfeirio at y Brenin Arthur. Mae'r cysylltiad hwn wedi'i boblogeiddio gan Susan Cooper yn ei llyfr *The Grey King* sy'n rhan o'r gyfres *The Dark Is Rising*.

Mewn mytholeg Cymreig, mae Cader Idris hefyd yn rhan o faes hela Gwyn ap Nudd, arglwydd yr Isfyd Celtaidd 'Annwn', a'i gwn arallfydol, rhyfedd, clustgoch. Roedd udo'r cŵn mawr hyn yn argoeli marwolaeth i'r rhai a'i clywent, gan y credid bod yr haid yn gyrru enaid y person i'r isfyd.

Yn ôl Jan Morris yn *A Matter Of Wales*: '*The first tourists came to Wales in the eighteenth century when the Romantic movement first convinced English people of taste that wastelands*

Mae'r olygfa hon o Gader Idris o Ddolgellau yn dod o albwm ffotograffau a roddwyd i Anti Nanw ar ei phen-blwydd yn 21 oed ar 11 Mawrth 1929.

Llwybr Madyn i fyny Cader Idris o Lyn y Gadair.

Glyn ac Iola yn dringo Cader Idris.

could be beautiful and mountains sublime.'

Roedd Cader Idris yn un o atyniadau'r twristiaid cyntaf hynny, ac mae printiau ohonyn nhw'n dringo'r mynyddoedd gydag asynnod a thywyswyr o Ddolgellau. Ac mae'r twristiaid wedi bod yn dod ers hynny.

Mae Cader Idris bellach yn un o brif ffynonellau incwm Dolgellau, gan ddenu degau o filoedd o ymwelwyr sy'n buddsoddi miliynau o bunnoedd yn yr economi leol.

Pennod wyth
Y Bermo, Fairbourne a Llyn Penmaen

Y Bermo a Fairbourne yw'r trefi glan môr agosaf i Ddolgellau, a dyma lle byddai merched Siop Newydd wedi treulio dyddiau lawer ar y traeth.

Mae'r ddwy dref yn wynebu ei gilydd ar draws Aber Afon Mawddach tua wyth milltir o Ddolgellau, ond ni allai'r ddau le fod yn fwy gwahanol.

Mae Fairbourne yn gymuned wasgaredig o fyngalos a thai heb ganolfan amlwg. Mae dwy filltir o dywod yn gorwedd y tu hwnt i lethrau sy'n cynnwys cerrig mân a chreigiau mawr gyda thwyni tywod mawr rhwng y môr a gwastadeddau lleidiog. Mae'n aml yn wyntog ac mae ganddo awyrgylch ychydig yn anghyfannedd pan fydd y tywydd yn troi.

Mae'r Bermo'n dref glan môr mwy nodweddiadol gyda harbwr, difyrion, caffis, tai gwely a brecwast a gwestai, a milltiroedd o dywod euraidd wedi'u gwahanu gan grwynau pren bob tua 50 metr. Mae cadwyn Cader Idris yn codi'n uchel uwchben y traeth, ac ar ddiwrnod o aeaf mae'n ddigon posib cerdded mewn heulwen gynnes ar y traeth tra bo'r Gader dan ei sang gydag eira.

Y ddau beth mwyaf anarferol am Fairbourne yw nad oes ganddo enw Cymraeg traddodiadol, a'i bod yn debygol na fydd yn bodoli erbyn 2070 oherwydd y bydd codiad yn lefel y môr wedi boddi'r corsydd isel.

Morfeydd heli a thir pori ychydig yn uwch oedd yr ardal yn wreiddiol. Cyn y dechreuwyd ei ddatblygu yng nghanol y 19eg ganrif roedd tair fferm ar y tir. Yr enw gwreiddiol ar yr ardal arfordirol oedd Morfa Henddol, tra mai Ynysfaig oedd enw'r brigiad penrhyn a feddiannwyd bellach gan Westy'r Friog.

Tua 1865 prynodd Solomon Andrews, entrepreneur Cymreig, y pentir. Adeiladodd forglawdd ar gyfer amddiffyn rhag y llanw, a chododd nifer o dai. Er mwyn dod â deunyddiau adeiladu i mewn ar gyfer y gwaith adeiladu, adeiladodd Andrews dramffordd dwy droedfedd o fesur, ei cherbydau'n cael eu tynnu gan geffyl o'r brif reilffordd i'r safle. Ym 1916, troswyd y dramffordd yn rheilffordd stêm 15 modfedd o fesur.

Prynodd Syr Arthur McDougall (sy'n enwog am wneud blawd) lawer iawn o'r tir ym mis Gorffennaf 1895, ac ym 1896 dechreuodd ddatblygu patrwm o gyrchfan glan môr, ac mae wedi bod yno ers hynny, gyda'r rheilffordd fach yn atyniad poblogaidd i dwristiaid.

Yn wyneb y codiad yn lefel y môr, penderfynodd llywodraeth Cymru nad oedd yn bosibl adeiladu amddiffynfeydd môr ac yn lle hynny mabwysiadodd bolisi o 'enciliad wedi'i reoli', gydag amddiffynfeydd yn cael eu cynnal am 40 mlynedd o 2014.

Mae gan Y Bermo, ar y llaw arall, ddau enw Cymraeg – Abermaw (ffurfiol) a'r Bermo (llafar).

Tyfodd y dref o amgylch y diwydiant adeiladu llongau, gyda rhai o'r deunyddiau'n cael eu danfon ar hyd y Fawddach o Ddolgellau. Yn fwy diweddar mae'r Bermo wedi

Y grwynau nodedig ar draeth y Bermo. Arferai Taid chwarae bowls yn y Bermo pan fyddai Nain a merched Siop Newydd yn mynd i'r traeth.

Adeiladwyd pont pren Penmaen-pŵl ym 1879 i gymryd lle'r fferi.

gwneud ei harian fel cyrchfan glan môr.

Disgrifiodd William Wordsworth, ymwelydd ag Abermaw yn y 19eg ganrif, y dref fel a ganlyn: "*With a fine sea view in front, the mountains behind, the glorious estuary running eight miles inland, and Cader Idris within compass of a day›s walk, Barmouth can always hold its own against any rival.*"

Cysylltir y Bermo a Fairbourne gan fferi fechan a phont odidog. Mae Pont y Bermo neu Draphont Abermaw yn draphont reilffordd bren un trac rhestredig Gradd II ar draws yr aber. Mae'n 820 metr (900 llath) o hyd, y draphont bren hiraf yng Nghymru, ac un o'r hynaf sy'n cael ei defnyddio'n rheolaidd ym Mhrydain.

Cynlluniwyd Pont y Bermo gan ac adeiladwyd ar gyfer Rheilffordd Aberystwyth ac Arfordir Cymru. Awdurdodwyd y gwaith yn 1861 a dechreuodd ym 1864. Ar 10 Hydref 1867, agorwyd y bont orffenedig yn swyddogol.

Yn dilyn darganfod rhydu difrifol ar rannau tanddwr o'r gwaith haearn, cynhaliwyd rhaglen adfer ddwys rhwng Rhagfyr 1899 a diwedd 1902. Erbyn 1980, roedd y draphont dan ymosodiad gan bryfed coed morol, a arweiniodd at bryderon y byddai'n rhaid ei chau a'i dymchwel. Oherwydd ei gwerth i dwristiaeth, cafodd ei atgyweirio rhwng 1985 a 1986, gan gau am chwe mis; cyflwynwyd cyfyngiad pwysau a gwaharddiad ar drenau a gludir gan locomotif hefyd. Mae'r cyfyngiadau hyn wedi'u llacio ers 2005.

Mae'r draphont yn cael ei defnyddio gan reilffordd, beicwyr a cherddwyr ac mae'n rhan o Lwybr Beicio Cenedlaethol 8. Casglwyd tollau ar gyfer traffig ar droed a beicwyr hyd at 2013, ond mae hyn wedi bod yn wirfoddol ers 2017. Er mwyn caniatáu i longau uchel fynd heibio, ymgorfforai'r bont bont godi, a ddisodlwyd rhwng 1899 a 1902 gan bont siglen, nad yw bellach yn weithredol oherwydd diffyg defnydd. Nid oes darpariaeth ar gyfer traffig ffyrdd.

Llyn Penmaen

Mae cysylltiad teuluol â Llyn Penmaen, pentref bach ychydig filltiroedd y tu allan i Ddolgellau ar ffordd Fairbourne. A oedd un o'n perthnasau yn gweithio yn y blwch signal? Yn sicr roedd merched Siop Newydd yn ymwelwyr cyson.

Mae Llyn Penmaen yn fwyaf adnabyddus am ei dollbont bren a adeiladwyd yn 1879 i gymryd lle croesfan fferi. Mae'n cysylltu'r A493 sy'n rhedeg ar hyd glan ddeheuol Afon Mawddach â›r A496 sy'n rhedeg ar hyd y lan ogleddol. Mae wedi'i chofrestru gan Cadw ac fe'i rhestrwyd yn Radd II ym 1990. Dim ond cerbydau llai na 1.5 tunnell gaiff groesi'r bont, ac mae'n costio 80c (yn 2022) am un daith. Gwneir tua 200 o groesfannau bob dydd.

Cafodd pymtheg o bobl, gan gynnwys pedwar o blant, eu boddi ar 22 Gorffennaf, 1966, pan darodd y fferi *Prince of Wales* y dollbont. Roedd y fferi wedi bod yn cludo 39 o bobl ar daith bleser o'r Bermo. Er i 27 o fywydau gael eu hachub, ni chafodd neb ei gydnabod yn swyddogol am ddewrder. Cynhaliwyd gwasanaeth coffa ger y blwch signal yn 2016 i gofnodi 50 mlynedd ers y drychineb, a dadorchuddiwyd plac i goffau'r rhai a gollodd eu bywydau.

Pennod naw

Ac yn olaf...

Gan Richard

Gobeithiwn fod y gyfrol hon wedi rhoi cipolwg i chi ar fywydau Merched Siop Newydd a'u hynafiaid, a blas o sut beth oedd bywyd yng ngogledd Cymru, yn arbennig yn ardal Dolgellau.

Pan ydym wedi mynd yn ôl mewn amser, rydym wedi ceisio peidio â dyfalu ac wedi cyfyngu ein hunain i'r hyn a wyddom o'r amrywiol gofnodion cyfrifiad a chofnodion eraill. Rydym wedi ychwanegu at hyn gyda'n hatgofion personol a'r atgofion a drosglwyddwyd gan ein mamau.

Un peth na allwn ei brofi, ond mae gennym bob rheswm i'w amau, yw bod hwn yn deulu hapus. Mae cipolwg ar lythyrau yn rhoi'r argraff i ni fod ymdeimlad o lawenydd wrth wraidd y teulu.

Roeddent yn Fedyddwyr llym ac yn llwyrymwrthodwyr, ond yn sicr nid oeddent yn grintachlyd nac yn sychlyd. Yn ein profiad ni, roedd eu credoau yn rhai rhyddfrydol i raddau helaeth. Roeddent yn caru byd natur ac yn parchu buddion addysg.

Roedd Nain a'i chredoau yn galon i'r teulu hynod hwn o wyth merch. Ymhlith llawer o bethau eraill, roedd Nain yn gryf ei hewyllys, yn garedig ac yn sgyrsiwr gwych. Roedd gan ferched Siop Newydd gariad a pharch mawr at Nain, a oedd yn ffigwr arwyddocaol ym mywydau'r cefndryd a'r cyfnitherod i gyd. Buom yn ffodus iawn i'w hadnabod.

Tynnwyd ein llun olaf gan Dafydd ym Mhlas Canol ar Ionawr 21ain, 1980. Roedd hi'n ben-blwydd Nain yn 100 oed, a dyma'r tro olaf iddi hi a Merched Siop Newydd fod gyda'i gilydd.

Pen-blwydd Nain yn 100 oed. Y llun olaf o holl ferched Siop Newydd gyda'i gilydd. Yn y cefn, o'r chwith: Doris, Lottie, Hilda, Nanw, Arthur Rowley, Beryl, Arthur Thomas, Glyn. Blaen: Phillys, Nain, May, Mihangel, Iola. Llun gan fab iau Beryl, Dafydd.

Nodiadau clo

- Mae'r goeden achau ar Ancestry - Jones Family Tree, a sefydlwyd gan Richard Bowen Jones.
- Chwiliwch am y goeden neu cysylltwch â Richard os hoffech gael mynediad: richard@tangentbooks.co.uk
- Gobeithiwn y bydd y gyfrol hon o ddiddordeb i genedlaethau'r dyfodol. Efallai y bydd rhai am olrhain y teulu yn ôl ymhellach, nid dyna oedd ein bwriad yn y prosiect hwn.
- Os ydych yn ymchwilio ymhellach i hanes y teulu, dyma rai dirgelion y gallech geisio'u datrys...
- Pwy oedd tad Taid?
- Sut cyfarfu Nain a Taid?
- Pryd wnaethant symud i Siop Newydd?
- Allwch chi ddod o hyd i feddau Owen Owens ac Ann Owens, a Mary Jones? Rydyn ni'n meddwl eu bod wedi eu claddu ym mynwent Dolgellau.
- Allwch chi ddod o hyd i feddau Richard a Lowrey Jones? Rydyn ni'n meddwl eu bod wedi eu claddu ym mynwent Llanfachreth.

Merfyn Wyn Tomos

Bu Merfyn Wyn Tomos, archifydd a hanesydd lleol, mor garedig â bwrw golwg dros y gyfrol hon cyn ei chyhoeddi. Mae'n gwneud y sylwadau canlynol...

'Mae'n ddiddorol eich bod yn nodi bod Ann Roberts efallai wedi'i geni yn Esgairwen, Llanfachreth gan fod un John Roberts, Esgairwen wedi'i restru fel gwneuthurwr gwe (brethyn) mewn cyfeirlyfr masnachol yn cynnwys Dolgellau yn 1791.

'Fel llawer 'Siop Newydd', mae'r safle yn un hen. Mae llun o Ddolgellau tua 1835 gan yr arlunydd Joseph Josiah Dodd yn dangos adeilad hŷn ar y safle. Fodd bynnag, mae llun arall yn Llyfrgell Genedlaethol Cymru gan William Hughes, dyddiedig 1837 yn dangos yr adeilad presennol. Mae'n gyd-ddigwyddiad y bu Richard Jones arall o Ardudwy yn cadw siop ddillad gwlân llwyddiannus iawn yno yn ystod y 19eg ganrif yn cynnwys gwneud gwisgoedd i Heddlu Meirionnydd ac yn dilledu trigolion y Wyrcws. Mae'n ddigon posibl bod yna wehyddion ar y llawr cyntaf gan fod y ffenestri'n anarferol o fawr. Prynwyd Siop Newydd yn ddiweddarach gan William Allen a fu'n rhedeg busnes groser yno, Star Stores, yn ogystal ag yn Siop y Seren yn Stryd Meurig.

'Sylwais eich bod yn dal i chwilio am leoliad Derlwyn, Ganllwyd. Mae Map Degwm 1840 yn cynnwys y lleoliad ynghyd ag enwau caeau'r fferm. Mae argraffiad 1af map 6 modfedd i'r filltir yr AO, dyddiedig 1888, hefyd yn nodi'r enw Derlwyn, ond mae wedi diflannu o fap cyfredol yr AO. Mae'n ymddangos pan blanwyd caeau'r fferm gan y Comisiwn Coedwigaeth o'r 1930au ymlaen, ni blanwyd yn y cae o amgylch y tŷ.'

Uncle John sheep dipping at Penrallt. Picture by leading American photographer Bradford Herzog.

Yncl John yn trochi defaid ym Mhenrallt. Llun gan y ffotograffydd blaenllaw o America, Bradford Herzog.

Penrallt

After completing her nurse training in Burnley, Nanw returned to North Wales to work as a midwife. She met sheep farmer John Roberts, they married in January 1945 and set up home in Penrallt, a sheep farm on the mountainside above the village of Croesor.

The farm, one of the highest in Wales, is part of the Brondanw Estate which was inherited by Clough Williams-Ellis in 1908 from his father when he was just 25. The estate stretches from the mountains, through Cwm Croesor down to the village of Llanfrothen. It occupies more than 3000 acres with 53 homes and five farms. Clough Williams-Ellis is best known as the creator of Portmeirion Village.

The Estate records show that in 1938 the tenant at Penrallt was John's father, Robert J Roberts, but we don't know if he was still alive when Nanw and John made Penrallt their home seven years later.

Penrallt is a very special place for all the cousins. We visited regularly and some were lucky enough to stay there in the school holidays – Alan's first school was in Croesor when he lived briefly with Nanw and John because there was an outbreak of scarlet fever in Rochdale.

After Nanw died, Beryl brought some of her photograph albums to her home in Bristol.

Several of the pictures were clearly taken by an accomplished photographer and have the name Herzog on the back. But who was Herzog? Tudor Evans from Croesor remembered an American photographer visiting Penrallt on his regular visits to the area. Was this Herzog?

Beryl also brought back Nanw's guest book and one of the last names is Bradford Herzog, 334 Centre Street, Massachusetts USA.

Here is the story that links Nanw and John to Norman Rockwell, one of the greatest American artists and social commentators...

Bradford Herzog worked with Norman Rockwell producing portraits of famous people which were often used as the cover of the *Saturday Evening Post*, one of the most widely circulated and influential American magazines ever, especially from the 1920-1960s

Herzog would photograph the subjects and Rockwell would draw or paint them. Dorothy Malcolm wrote an article for *The Townsman* newspaper in 1987 detailing how they met and worked...

"Their method of portraiture is common today because most people don't have the time to sit for an artist so photographs are taken. To capture the inner personality of a person, the photographer and artist both need the ability to see beyond the surface of the subject's face. In this respect, the Herzog-Rockwell partnership excelled. Such a partnership created telling portraits of personalities ranging from presidential candidates to the first NASA astronauts."

The Herzogs and their daughter Kathy stayed in the family cottage at Brongarnedd on the Croesor Road.
Arhosodd yr Herzogs a'u merch, Kathy, yn y bwthyn teuluol ym Mrongarnedd ar Ffordd Croesor.

The Herzogs visited Nanw and John most years and were invited to take part in the sheep shearing.
Ymwelodd yr Herzogs â Nanw a John y rhan fwyaf o flynyddoedd ac fe'u gwahoddwyd i gymryd rhan yn y gwaith cneifio defaid.

Herzog's associations with photography and Normal Rockwell reach back, to Herzog's teaching days at Milton Academy one of the oldest schools in America [five miles south of Boston]. After serving in the Army during World War II, Herzog returned home and completed his education at Harvard, graduating in the Class of 1950. He taught maths at Milton Academy and lived in the boys' dormitory. The antics and pranks that occurred with the boys led Herzog to invest in a camera.

"No one would believe what goes on in a boys' dorm, so I figured I'd better get a camera," he laughed.

Herzog submitted his photos of the boys to the Milton Academy Alumni Bulletin. When these were well received and the boys' frolics recorded for posterity, Herzog continued to shoot various events at the academy, humorous moments among the boys, their freckled and mischievous faces made indelible and frozen in time through Herzog's lens.

It was during this time at Milton Academy that a major event in his life occurred. "In 1959, the woman who was the head of the Girls' English Department at Milton Academy, Mary (Molly) Punderson retired to her home in Stockbridge, Mass. She had hired an English girl, Katherine (Kay) Bennett as head of the English department and that was pivotal," Herzog said.

Ultimately, he married Kay Bennett. Meanwhile in Stockbridge, retired schoolteacher Molly Punderson met Norman Rockwell at a poetry class she was teaching. They married a year later.

As photography consumed more and more of Herzog's time, the teacher left his position at Milton Academy and proceeded to take pictures of youngsters on a freelance basis for school yearbooks, bulletins and catalogues.

After establishing himself and succeeding in freelance work for schools, Herzog's career unexpectedly shifted – he met Norman Rockwell.

"Rockwell came into my life because we were out in Stockbridge. We met him and were visiting when suddenly he got a call saying that they were going to nominate Barry Goldwater as a presidential candidate in 1964.

"They told Norman, 'Get out there and run a portrait of him!' Norman, under these circumstances, worked with a photographer because he often only had 10 to 15 minutes with his subject. His own photographer was in India at the time. So I found myself nominated," Herzog recalled.

Some of the Herzog-Rockwell collaborations included Robert F. Kennedy, Richard Nixon, Lyndon Johnson, Alger Hiss (convicted Soviet spy), Dr. John Rock (inventor of the birth control pill), Golda Meir and David Rockerfeller.

Herzog's style of photojournalism and portraiture is straight and direct. Like Rockwell, his love of children and animals is often the main theme of his pictures. Domestic and farm animals are softly dealt with in Herzog's photography as well. On trips to Britain with his wife, Katherine and two daughters, Herzog records gentle animals and rugged inhabitants, especially in the Welsh countryside.

The story continues…

While researching the Bradford Herzog connection, we discovered various articles about his wife Kay. Her connection with Milton Academy continued after Bradford's death and she was clearly a highly respected champion of the arts and literature.

When she passed away in 2018, one of her obituaries mentioned a daughter Kathy. We made contact with Kathy Herzog thanks to the Milton Alumnae group. Here's what Kathy told us about her family connection with Penrallt…

"I remember Nanw and John's farm Penrallt very well. As a child, with my parents, we were invited to participate in their sheep shearing (which must have been in early summer). Nanw and the other ladies would put out a huge tea and the men would wrangle the sheep with the help of the dogs into stone pens where they would be shorn (by hand, no electric at that time) and dipped in the stream.

"My job, as a little child, was to pick up all the wool that did not get neatly baled from the shearers. I think we did this with them for at least two summers.

"My parents owned a cottage, Brongarnedd, on the Croesor Road. While we lived in the States, we would return to England and Wales on all our holidays. I also went to the Croesor Village School for one year when I was about 9-10.

"We would often visit your aunt and uncle at the farm because it was en route from our cottage when we went for walks. They were nice people.

"My father, who was a professional photographer, documented the sheep shearing. He had a deep love for the Welsh people and took many photos of them and their activities.

"My parents were friends with Norman Rockwell, and my Dad did photography for his paintings too.

"It's only fairly recently that my mum passed away (2018) and my nieces, who live in England, sold the cottage."

Kathy Herzog's job was to collect the wool that hadn't been neatly baled.
Gwaith Kathy Herzog oedd casglu'r gwlân nad oedd wedi cael ei lapio'n daclus.

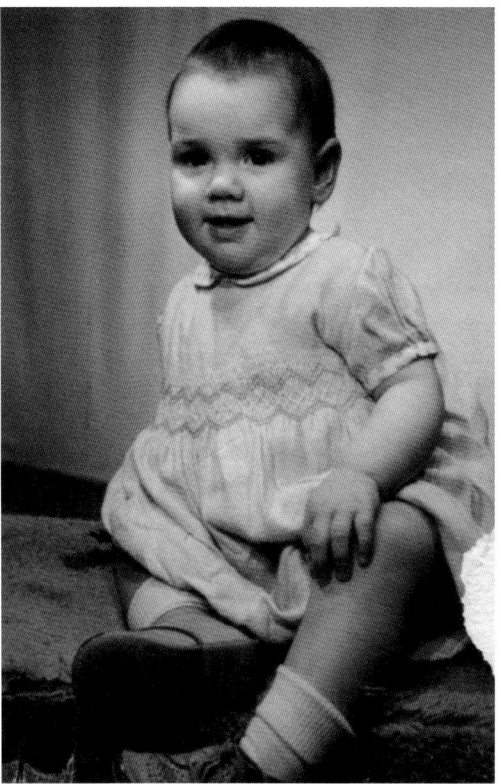

Top: Uncle John. Above: Richard John who died aged just 18 months. Nanw and John at Penrallt.
Top: Yncl John. Uchod: Richard John a fu farw yn 18 mis oed yn unig. Nanw a John ym Mhenrallt.

Penrallt

Ar ôl cwblhau ei hyfforddiant nyrsio yn Burnley, dychwelodd Nanw i Ogledd Cymru i weithio fel bydwraig. Cyfarfu â ffermwr defaid, John Roberts; priododd ym mis Ionawr 1945 a sefydlu cartref ym Mhenrallt, fferm ddefaid ar ochr y mynydd uwchben pentref Croesor.

Mae'r fferm, un o'r rhai uchaf yng Nghymru, yn rhan o Stad Brondanw a etifeddwyd gan Clough Williams-Ellis yn 1908 oddi wrth ei dad pan oedd ond yn 25 oed. Mae'r stad yn ymestyn o'r mynyddoedd, trwy Gwm Croesor i lawr i bentref Llanfrothen. Mae'n cwmpasu mwy na 3000 erw gyda 53 o gartrefi a phum fferm. Mae Clough Williams-Ellis yn fwyaf adnabyddus fel crëwr Pentref Portmeirion.

Mae cofnodion yr Ystad yn dangos mai'r tenant ym Mhenrallt ym 1938 oedd tad John, Robert J Roberts, ond nid ydym yn gwybod a oedd yn dal yn fyw pan ymgartrefodd Nanw a John ym Mhenrallt saith mlynedd yn ddiweddarach.

Mae Penrallt yn lle arbennig iawn i'r cefndryd a'r cyfnitherod i gyd. Buom yn ymwelwyr cyson, ac roedd rhai yn ddigon ffodus i gael aros yno yn ystod gwyliau'r ysgol – yng Nghroesor oedd ysgol gyntaf Alan, pan fu'n byw yno am gyfnod byr gyda Nanw a John oherwydd bod achos o'r dwymyn goch yn Rochdale.

Wedi i Nanw farw, daeth Beryl â rhai o'i halbymau ffotograffau i'w chartref ym Mryste.

Mae'n amlwg bod nifer o'r lluniau wedi'u tynnu gan ffotograffydd medrus ac mae'r enw Herzog ar eu cefnau. Ond pwy oedd Herzog? Cofiai Tudor Evans o Groesor am ffotograffydd Americanaidd yn ymweld â Phenrallt ar ei ymweliadau cyson â'r ardal. Ai Herzog oedd hwn?

Daeth Beryl hefyd â llyfr gwesteion Nanw yn ôl, ac un o'r enwau olaf yw Bradford Herzog, 334 Center Street, Massachusetts USA.

Dyma'r stori sy'n cysylltu Nanw a John â Norman Rockwell, un o artistiaid a sylwebwyr cymdeithasol mwyaf America...

Bu Bradford Herzog yn gweithio gyda Norman Rockwell yn cynhyrchu portreadau o bobl enwog a ddefnyddiwyd yn aml fel clawr y *Saturday Evening Post*, un o'r cylchgronau Americanaidd mwyaf dylanwadol ac eang ei ddosbarthiad erioed, yn enwedig o'r 1920-1960au.

Byddai Herzog yn tynnu lluniau o'r gwrthrychau a byddai Rockwell wedyn yn eu darlunio neu'n eu paentio. Ysgrifennodd Dorothy Malcolm erthygl ar gyfer papur newydd The Townsman ym 1987 yn manylu ar sut y bu iddynt gyfarfod a chydweithio...

"Their method of portraiture is common today because most people don't have the time to sit for an artist so photographs are taken. To capture the inner personality of a person, the photographer and artist both need the ability to see beyond the surface of the subject's face. In this respect, the Herzog-Rockwell partnership excelled. Such a partnership created telling portraits of personalities ranging from presidential candidates to the first NASA astronauts."

Mae cysylltiadau Herzog â ffotograffiaeth a Norman Rockwell yn ymestyn yn ôl, i ddyddiau addysgu Herzog yn Academi Milton, un o ysgolion hynaf America [pum milltir i'r de o Boston]. Ar ôl gwasanaethu yn y Fyddin yn ystod yr Ail Ryfel Byd, dychwelodd Herzog adref a chwblhaodd ei addysg yn Harvard, gan raddio yn Nosbarth 1950. Dysgodd fathemateg yn Academi Milton, a bu'n byw yn ystafell gysgu'r bechgyn. Arweiniodd yr antics a'r pranciau a ddigwyddodd gyda'r bechgyn i Herzog fuddsoddi mewn camera.

"No one would believe what goes on in a boys' dorm, so I figured I'd better get a camera," chwarddodd.

Cyflwynodd Herzog ei luniau o'r bechgyn i Fwletin Cyn-fyfyrwyr Academi Milton. Pan gafodd y rhain dderbyniad da a chastiau'r bechgyn yn cael eu cofnodi ar gyfer y dyfodol, parhaodd Herzog i saethu digwyddiadau amrywiol yn yr academi, eiliadau doniol ymhlith y bechgyn, eu hwynebau brycheulyd a direidus annileadwy ac wedi eu rhewi mewn amser trwy lens Herzog.

Yn ystod y cyfnod hwn yn academi Milton y bu digwyddiad mawr yn ei fywyd. *"In 1959, the woman who was the head of the Girls' English Department at Milton Academy, Mary (Molly) Punderson retired to her home in Stockbridge, Mass. She had hired an English girl, Katherine (Kay) Bennett as head of the English department and that was pivotal,"* meddai Herzog.

Yn y pen draw, priododd Kay Bennett. Yn y cyfamser yn Stockbridge, cyfarfu'r athrawes ysgol wedi ymddeol Molly Punderson Norman Rockwell mewn dosbarth barddoniaeth roedd hi'n ei ddysgu. Fe wnaethant briodi flwyddyn yn ddiweddarach.

Wrth i ffotograffiaeth gymryd mwy a mwy o amser Herzog, gadawodd yr athro ei swydd yn Academi Milton a symud ymlaen i dynnu lluniau o bobl ifanc yn llawrydd ar gyfer blwyddlyfrau ysgol, bwletinau a chatalogau.

Ar ôl sefydlu ei hun a llwyddo mewn gwaith llawrydd i ysgolion, newidiodd gyrfa Herzog yn annisgwyl - cyfarfu â Norman Rockwell.

"Rockwell came into my life because we were out in Stockbridge. We met him and were visiting when suddenly he got a call saying that they were going to nominate Barry Goldwater as a presidential candidate in 1964.

"They told Norman, 'Get out there and run a portrait of him!' Norman, under these circumstances, worked with a photographer because he often only had 10 to 15 minutes with his subject. His own photographer was in India at the time. So I found myself nominated," cofiai Herzog.

Roedd rhai o gydweithrediadau Herzog-Rockwell yn cynnwys Robert F. Kennedy, Richard Nixon, Lyndon Johnson, Alger Hiss (ysbïwr Sofietaidd a gafwyd yn euog), Dr. John Rock (dyfeisiwr y bilsen rheoli genedigaeth), Golda Meir a David Rockerfeller.

Mae arddull ffotonewyddiaduraeth a phortreadaeth Herzog i'r pwynt ac yn uniongyrchol. Fel Rockwell, ei gariad at blant ac anifeiliaid yw prif thema ei luniau yn aml. Ymdrinnir yn ysgafn ag anifeiliaid domestig ac anifeiliaid fferm yn ffotograffiaeth Herzog hefyd. Ar deithiau i Brydain gyda'i wraig, Katherine a dwy ferch, mae Herzog yn

Bradford Herzog worked with Norman Rockwell on The Saturday Evening Post, **one of America's leading magazines.**
Bu Bradford Herzog yn gweithio gyda Norman Rockwell ar The Saturday Evening Post, un o brif gylchgronau America.

cofnodi anifeiliaid tyner a thrigolion garw, yn enwedig yng nghefn gwlad Cymru.

Mae'r stori'n parhau...

Wrth ymchwilio i'r cysylltiad â Bradford Herzog, fe wnaethom ddarganfod erthyglau amrywiol am ei wraig Kay. Parhaodd ei chysylltiad ag Academi Milton wedi marwolaeth Bradford, ac roedd yn amlwg yn hyrwyddwr uchel ei pharch dros y celfyddydau a llenyddiaeth.

Pan fu farw yn 2018, soniodd un o'i ysgrifau coffa am ferch, Kathy. Daethom i gysylltiad â Kathy Herzog diolch i grŵp Milton Alumnae. Dyma beth ddywedodd Kathy wrthym am ei chysylltiad teuluol â Phenrallt...

"I remember Nanw and John's farm Penrallt very well. As a child, with my parents, we were invited to participate in their sheep shearing (which must have been in early summer). Nanw and the other ladies would put out a huge tea and the men would wrangle the sheep with the help of the dogs into stone pens where they would be shorn (by hand, no electric at that time) and dipped in the stream.

"My job, as a little child, was to pick up all the wool that did not get neatly baled from the shearers. I think we did this with them for at least two summers.

"My parents owned a cottage, Brongarnedd, on the Croesor Road. While we lived in the States, we would return to England and Wales on all our holidays. I also went to the Croesor Village School for one year when I was about 9-10.

"We would often visit your aunt and uncle at the farm because it was en route from our cottage when we went for walks. They were nice people.

"My father, who was a professional photographer, documented the sheep shearing. He had a deep love for the Welsh people and took many photos of them and their activities.

"My parents were friends with Norman Rockwell, and my Dad did photography for his paintings too.

"It's only fairly recently that my mum passed away (2018) and my nieces, who live in England, sold the cottage."

The men would wrangle the sheep with the help of the dogs into stone pens, remembers Kathy Herzog.
Byddai'r dynion yn hel y defaid at ei gilydd gyda chymorth y cŵn i gorlannau cerrig, fel y cofia Kathy Herzog.

The sheep would be shorn by hand (no electricity) and dipped in the stream.
Byddai'r defaid yn cael eu cneifio â llaw (dim trydan) ac yn cael eu trochi yn y nant.

Nain, Taid & siblings

Dolgellau Fire Brigade. Taid is second from the left, standing.
Brigâd Dân Dolgellau. Taid yw'r ail un o'r chwith, yn sefyll.

Nain on holiday with Auntie Elsie (wife of Nain's brother Herbert) and friends.
Nain ar wyliau gydag Anti Elsie (gwraig brawd Nain, Herbert) a ffrindiau.

Nain, Taid & siblings

Taid and Nain.
Taid a Nain.

Nain's sister Annie with husband Peter.
Chwaer Nain, Annie, gyda'i gŵr Peter.

Nain's sister Lillian.
Chwaer Nain, Lillian.

Uncle Peter.
Ewythr Peter

Nain's brother Herbert with wife Elsie.
Brawd Nain, Herbert, gyda'i wraig Elsie.

Nain's brother Uncle Evie (Evan).
Brawd Nain, Yncl Evie (Evan).

Weddings

Wedding day, January 1932. From left: Doris, May, Nanw, Lottie, Taid, Arthur Rowley, Phyllis, Nain, Hilda, Beryl, Iola.
Diwrnod Priodas, Ionawr 1932. O'r chwith: Doris, May, Nanw, Lottie, Taid, Arthur Rowley, Phyllis, Nain, Hilda, Beryl, Iola.

Wedding day, January 1945. Taid, Doris, John, Nanw, Nain in front row. Beryl and Glyn behind John, Conway Davies (Minister at Capel Judah) next to Glyn, May far left, Hilda second on right.
Diwrnod Priodas, Ionawr 1945. Taid, Doris, John, Nanw, Nain yn y rhes flaen. Beryl a Glyn y tu ôl i John, Conway Davies (Gweinidog yng Nghapel Judah) wrth ymyl Glyn, Mai ar y pen draw ar y chwith, Hilda yr ail ar y dde.

Weddings

Arthur Thomas and Doris, October 1951.
Arthur Thomas a Doris, Hydref 1951.

Doris and Arthur with cousin Bernard.
Doris ac Arthur gyda'r cefnder Bernard.

Uncle Owen gave away Doris.
Yncl Owen a hebryngodd Doris.

Lottie married Joseph Hollinshead in October 1939. Bridesmaids Hilda, May and Beryl.
Priododd Lottie â Joseph Hollinshead ym mis Hydref 1939. Y morynion, Hilda, May a Beryl.

Weddings

Hilda married Mihangel Williams on November 4, 1947 in St Mary's Church, Dolgellau. The crown cake is a reference to the marriage of Princess Elizabeth to Prince Philip later that month.
Priododd Hilda â Mihangel Williams ar 4 Tachwedd 1947 yn Eglwys y Santes Fair, Dolgellau. Mae'r deisen siâp coron yn cyfeirio at briodas y Dywysoges Elizabeth â'r Tywysog Philip yn ddiweddarach y mis hwnnw.

Iola married Glyn Evans in Dolgellau in July 1941.
Priododd Iola â Glyn Evans yn Nolgellau ym mis Gorffennaf 1941.

Weddings

Beryl and Walford on their wedding day in Banbury on April 12, 1958.
Beryl a Walford ar ddiwrnod eu priodas yn Banbury ar 12 Ebrill 1958.

From left: Walford's niece Velda, her father (Wally's eldest brother) Dai, Mr Coville (best man), Wally, Beryl, Mr Good (Mount Guest House where Beryl and Wally were lodging when they met), Dai's wife Olwen, Mrs Good.
O'r chwith: Velda (nith Walford), ei thad (brawd hynaf Wally) Dai, Mr Coville (y gwas priodas), Wally, Beryl, Mr Good (Mount Guest House lle'r oedd Beryl a Wally yn aros pan wnaethon nhw gyfarfod), Olwen (gwraig Dai), Mrs Good.

Weddings

Rhian's wedding, 1966. From left: Joe Hollinshead, Doris, Joe's wife Pam, Lottie, May, Arthur Thomas, Nain, Nanw, Gwylan, Hilda, Byron, Margaret Hollinshead, Walford with Dafydd, David Hollinshead. Front: Gillian (Joe and Pam's daughter) and Richard.

Priodas Rhian, 1966. O'r chwith: Joe Hollinshead, Doris, Pam (gwraig Joe), Lottie, May, Arthur Thomas, Nain, Nanw, Gwylan, Hilda, Byron, Margaret Hollinshead, Walford gyda Dafydd, David Hollinshead. Blaen: Gillian (merch Joe a Pam) a Richard.

Margaret Hollinshead's wedding 1968: Beryl, Nain, Gwylan, Walford, Dafydd, Richard.

Priodas Margaret Hollinshead ym 1968: Beryl, Nain, Gwylan, Walford, Dafydd, Richard.

Lottie with her sons Joe, David and Alan at her daughter Margaret's wedding.

Lottie gyda'i meibion Joe, David ac Alan ym mhriodas ei merch Margaret.

Weddings

1966: From left: Nanw, May, Byron, Doris, John, Arthur and two unknown guests at Rhian's wedding.
1966: O'r chwith: Nanw, May, Byron, Doris, John, Arthur a dau westai anhysbys ym mhriodas Rhian.

Doris, Nanw, May and Phyllis at Margaret's wedding.
Doris, Nanw, May a Phyllis ym mhriodas Margaret.

Margaret and husband Bob.
Margaret a'i gŵr Bob.

Girls

Nanw after qualifying as a nurse.
Nanw ar ôl cymhwyso fel nyrs.

May.
May

A signed photograph from *Blue Peter* host Valerie Singleton talking to Uncle John at Penrallt.
Ffotograff wedi ei lofnodi gan Valerie Singleton, un o gyflwynwyr Blue Peter, *yn siarad ag Yncl John ym Mhenrallt.*

Girls

Auntie Lottie's children Alan, David, Joseph and Margaret.
Plant Anti Lottie, sef Alan, David, Joseph a Margaret.

Auntie Iola (right) and a friend.
Anti Iola (ar y dde) a ffrind.

Girls

Arthur Rowley and Hilda.
Arthur Rowley a Hilda

Hilda leapfrogs Beryl.
Hilda yn chwarae llam llyffant â Beryl.

The Rose Queen procession was the high point of Dolgellau Carnival Day.
Gorymdaith Brenhines y Rhosod oedd uchafbwynt Diwrnod Carnifal Dolgellau.

Hilda: Rose Queen 1932.
Hilda: Brenhines y Rhosod 1932.

Girls groups

January 1932: Bridesmaids for Phyllis, Hilda, Beryl and Iola.
Ionawr 1932: Morynion Phyllis, sef Hilda, Beryl ac Iola.

Hilda, May, Doris, Nanw, Iola, Lottie, Phyllis, Beryl with Nain.
Hilda, May, Doris, Nanw, Iola, Lottie, Phyllis, Beryl gyda Nain.

Phyllis, Taid, Nain, Nanw, May, Doris, Lottie, Iola, Hilda, Beryl at the back of Siop Newydd.
Phyllis, Taid, Nain, Nanw, May, Doris, Lottie, Iola, Hilda, Beryl yng nghefn Siop Newydd.

Girls groups

Our great grandparents Evan Evans (1850-1937) and Jane Evans (1852-1933) with grandchildren (from left) Hilda, Beryl, Ieuan. Front: Unknown, Gwyneth, Nora, Enid, Bernard, Auntie Lil.
Ein hen deidiau a neiniau, Evan Evans (1850-1937) a Jane Evans (1852-1933) gyda'u hwyrion (o'r chwith) Hilda, Beryl, Ieuan. Blaen: Anhysbys, Gwyneth, Nora, Enid, Bernard, Anti Lil.

Nanw, Lottie, May, Doris, Phyllis, Hilda, Beryl, Iola in the mid-1920s.
Nanw, Lottie, May, Doris, Phyllis, Hilda, Beryl, Iola ganol y 1920au.

Graves & Glan

The family grave, Dolgellau is near the entrance, on the right.
Mae bedd y teulu, yn Nolgellau, ger y fynedfa, ar y dde.

Evan Evans and Ann Evans at Ganllwyd.
Evan Evans a Ann Evans yn Ganllwyd.

The view from Glan-llyn-y-forwyn and the remains of the farm buildings in the Rhinogs above Ganllwyd.
Golygfa o Lan-llyn-y-forwyn ac olion adeiladau'r fferm yn y Rhinogydd uwchben Ganllwyd.

Dolgellau

Top: July 12, 1932. Hilda is crowned Rose Queen in Eldon Square. Above: Pictures from Nanw's album.
Top: 12 Gorffennaf 1932. Hilda yn cael ei choroni'n Frenhines y Rhosod yn Sgwâr Eldon. Uchod: Lluniau o albwm Nanw.

Dolgellau

More pictures of local scenes from Nanw's album.
Mwy o luniau o olygfeydd lleol o albwm Nanw.

Hilda, Beryl, Caitlin, baby Mena, Maggie at Beryl's home in Kingswood, Bristol, a few days after Mena was born on June 23, 1999.
Hilda, Beryl, Caitlin, Mena yn faban, Maggie yng nghartref Beryl yn Kingswood, Bryste, ychydig ddyddiau ar ôl i Mena gael ei geni.

Bristol: Hilda, Beryl and May. Caitlin's first birthday, Sept 3, 1994.
Bryste: Hilda, Beryl a May. Pen-blwydd cyntaf Caitlin, 3 Medi 1994.

Sweets Road, Kingswood 1994: Beryl, May, Caitlin, Maggie.
Sweets Road, Kingswood 1994: Beryl, May, Caitlin, Maggie.

Dafydd and Beryl. Nain's 100th birthday.
Dafydd a Beryl. Pen-blwydd Nain yn 100.

May with Caitlin at Sweets Road.
May gyda Caitlin yn Sweets Road.

Mena and Beryl outside Plas Canol, 2003.
Mena a Beryl y tu allan i Blas Canol, 2003.

End Notes

- The family tree is on Ancestry – Jones Family Tree, set up by Richard Bowen Jones.
- Search for the tree or get in touch with Richard if you would like access: richard@tangentbooks.co.uk
- We hope this book will be of interest to future generations. Some might want to trace the family back further, that was not our intention in this project.
- If you are investigating the family history further, here are a few mysteries you might like to solve...
- Who was Taid's father?
- How did Nain and Taid meet? When did they move into Siop Newydd?
- Can you find the graves of Owen Owens and Ann Owens and Mary Jones? We think they are buried in Dolgellau cemetery.
- Can you find the graves of Richard and Lowrey Jones? We think they are buried in Llanfachreth cemetery.

Merfyn Wyn Tomos

Merfyn Wyn Tomos, archivist and local historian, kindly cast an eye over this book before publication. He makes the following comments...

'It is interesting that you note that Ann Roberts may have been born in Esgairwen, Llanfachreth as a John Roberts, Esgairwen is listed as a web (cloth) manufacturer under the entry for Dolgellau in a trade directory for 1791.

'Like many 'New Shops', the site is an old one. There is a painting of Dolgellau of around 1835 by the artist Joseph Josiah Dodd which shows an older building there. However, another painting at the National Library of Wales by William Hughes dated 1837 shows the existing building on the site. Coincidently, another Richard Jones from Ardudwy ran a very successful woollen draper's shop there during the 19th century which included making uniforms for the Merionethshire Constabulary and the Workhouse inmates. It may well be that there were weavers on the first floor as the windows are unusually large. Siop Newydd was then bought by William Allen who ran a grocery business there, Star Stores, as well as at Siop y Seren in Meyrick Street.

'I noticed you were still looking for the location of Derlwyn, Ganllwyd. The 1840 Tithe Map includes the location and field names of the farm. The 1st edition 6 inch to the mile OS map of 1888 also has Derlwyn marked by name but it has disappeared from the current OS map. It appears that when the Forestry Commission planted the farm fields from the 1930s onwards, they did not plant in the field around the house.'

Nain's 100th birthday. The last picture of all the Siop Newydd Girls together. Back from left: Doris, Lottie, Hilda, Nanw, Arthur Rowley, Beryl, Arthur Thomas, Glyn. Front: Phillys, Nain, May, Mihangel, Iola. Picture taken by Beryl's younger son Dafydd.

Chapter nine

And finally...

By Richard

We hope this book has given you an insight into the lives and times of the Siop Newydd Girls and their ancestors and a flavour of what life was like in north Wales and in particular the Dolgellau area.

When we have gone back in time, we have tried not to speculate and have limited ourselves to what we know from the various census and other records. We have augmented this with our personal memories and the memories passed down by our mothers.

One thing that we can't prove, but we have every reason to suspect, is that this was a happy family. Glimpses of letters give us the impression that there was a sense of joy at the core of the family.

They were strict Baptists and teetotal, but they were certainly not mean-spirited or austere. In our experience, they were largely liberal in their beliefs. They loved the natural world and respected the benefits of education.

Nain and her beliefs were at the centre of this remarkable family of eight daughters. Among many other things, Nain was strong-willed, kind and a great conversationalist. The Siop Newydd girls had a great love and respect for Nain who was a significant figure in the lives of all the cousins. We were very fortunate to know her.

Our final picture was taken by Dafydd in Plas Canol on January 21st, 1980. It was Nain's 100th birthday and the last time that she and the Siop Newydd Girls were all together.

William Wordsworth, a visitor to Barmouth in the 19th century, described it thus: "With a fine sea view in front, the mountains behind, the glorious estuary running eight miles inland, and Cader Idris within compass of a day›s walk, Barmouth can always hold its own against any rival.»

Barmouth and Fairbourne are connected by a small ferry and a magnificent bridge. Barmouth Bridge (*Pont Abermaw*), or Barmouth Viaduct is a Grade II listed single-track wooden railway viaduct across the estuary. It is 820 metres (900 yards) long, the longest timber viaduct in Wales and one of the oldest in regular use in Britain.

Barmouth Bridge was designed by and constructed for the Aberystwyth and Welsh Coast Railway. Work was authorised in 1861 and commenced in 1864. On 10 October 1867, the completed bridge was officially opened.

Following the discovery of severe corrosion on underwater sections of ironwork, an intensive restoration programme was performed between December 1899 and late 1902. By 1980, the viaduct was under attack by marine woodworm, which led to concerns that it would have to be closed and demolished. Because of its value to tourism, it was repaired between 1985 and 1986, a closure of six months; a weight restriction and ban on locomotive-hauled trains were also introduced. These restrictions have been relaxed since 2005.

The viaduct, is used by rail, cyclists and pedestrians and is part of the National Cycle Route 8. Tolls were collected for foot and cycle traffic up to 2013 but this has been voluntary since 2017. To allow the passage of tall ships, the bridge incorporated a drawbridge, which was replaced between 1899 and 1902 by a swing bridge, which is no longer operational due to a lack of use. There is no provision for road traffic.

Penmaenpool

There's a family connection with Penmaenpool, a hamlet a few miles outside Dolgellau on the Fairbourne road. Did one of our relatives work in the signal box? Certainly the Siop Newydd girls were regular visitors.

Penmaenpool is best known for its wooden toll bridge built in 1879 to replace a ferry crossing. It links the A493 running along the south bank of the Mawddach to the A496 running along the north. It is Cadw-registered and was Grade II listed in 1990. The bridge can only be used by vehicles under 1.5 tonnes, and costs 80p (in 2022) for one journey. Around 200 crossings are made each day.

Fifteen people, including four children, were drowned on July 22, 1966 when the ferry *Prince of Wales* hit the toll bridge. The ferry had been taking 39 people on a pleasure trip from Barmouth. Though 27 lives were saved, nobody was officially recognised for bravery. A memorial was held by the signal box on the 50th anniversary of the disaster in 2016, and a plaque was unveiled commemorating the victims.

The distinctive groynes on Barmouth beach. Taid used to play bowls in Barmouth when Nain and the Siop Newydd Girls went to the beach.

The wooden Penmaenpool toll bridge was built in 1879 to replace a ferry crossing.

Chapter eight

Barmouth, Fairbourne and Penmaenpool

Barmouth and Fairbourne are the nearest seaside towns to Dolgellau and it is where the Siop Newydd girls would have spent many days on the beach.

The two towns face each other across the mouth of the Mawddach Estuary about eight miles from Dolgellau but the two places could not be more different.

Fairbourne is a scattered community of bungalows and houses without an obvious centre. Two miles of sand lie beyond slopes made up of large pebbles and rocks with large sand dunes between the sea and mud flats. It is often windy and has a slightly desolate atmosphere when the weather draws in.

Barmouth is a more typical seaside town with a harbour, amusements, cafes, bed and breakfasts and hotels and miles of golden sand separated by wooden groynes about every 50 metres. The Cader Idris range rises high above the beach and on a winter's day it's quite possible to walk in warm sunshine on the beach while Cader is capped with snow.

The two most unusual things about Fairbourne are that it doesn't have a traditional Welsh name and that it probably won't exist by 2070 because rising sea levels will have flooded the low-lying marshes.

The area was originally salt marshes and slightly higher grazing lands. Before development began in the mid 19th Century there were three farms on the land. The coastal area was originally known as Morfa Henddol, while the promontory outcrop now occupied by the Fairbourne Hotel was called Ynysfaig.

In about 1865 Solomon Andrews, a Welsh entrepreneur, purchased the promontory. He constructed a seawall for tidal protection and built several houses. In order to bring in building materials for the construction work, Andrews built a two-foot gauge horse-drawn tramway from the main railway to the site. In 1916, the tramway was converted to a 15-inch gauge steam railway.

Sir Arthur McDougall (of flour-making fame) bought a large amount of the land in July 1895 and in 1896 he began the development of a model seaside resort and it's been there ever since, with the little railway a popular tourist attraction.

Faced with the rising sea levels, the Welsh government decided it was not possible to build sea defences and instead adopted a policy of 'managed retreat' with defences being maintained for 40 years from 2014.

Barmouth, on the other hand, has two Welsh names – Abermaw (formal) and Y Bermo (colloquial).

The town grew around the shipbuilding industry with some of the materials delivered along the Mawddach from Dolgellau. More recently Barmouth has made its money as a seaside resort.

of taste that wastelands could be beautiful and mountains sublime.'

Cader Idris was one of the attractions for those first tourists and there are prints of them clambering up the mountains with donkeys and guides from Dolgellau. And the tourists have been coming ever since.

Cader Idris is now one of the major sources of income for Dolgellau attracting tens of thousands of visitors investing millions of pounds in the local economy.

This view of Cader Idris from Dolgellau is from a photo album given to Auntie Nanw on her 21st birthday, March 11, 1929.

The Foxes Path up Cader Idris from Llyn y Gadair.

Glyn and Iola climbing Cader Idris.

Chapter seven

Cader Idris

Cader Idris is one of Wales's most iconic mountains. It is about 893m in height, standing at the southern gate of Snowdonia, overlooking Dolgellau. The three peaks are Pen y Gadair (Head Of The Chair), Cyfrwy (The Saddle) and Mynydd Moel (The Bare Mountain). In the cwm half way down the mountain is Llyn Cau, supposedly a bottomless lake. In fact, several of the nearby lakes – such as Llyn Mwyngul (commonly known as Tal-y-Llyn lake) are reputed to be bottomless.

Idris appears in many guises in the Welsh tradition – as giant, prince and astronomer. One of the tales told of the giant, is that sitting on his great chair one day, he felt pieces of grit inside his shoes which he removed and cast down the mountainside. The three large stones that rest at the foot of the mountain are said to be those annoying pieces of grit. Another tale tells of Idris throwing pieces of grit across the area. There are two other stones on the left of the road through the pass as you head for Dolgellau, linked with this story. The largest across the way from the lay-by was thrown by Idris and the other, a smaller stone was apparently put there by his wife.

It's possible that Idris was Idris ap Gwyddno of Meirionnydd who died in 632 AD, and who is recorded in the Harleian genealogy. He is noted as the son of Gwyddno who some have linked to that man of the same name – Gwyddno Granhir, owner or ruler of the Lower Cantref, or submerged hundred (cantref or hundred being an area of land). It was upon a stream within Gwyddno's lands that the quasi-historical poet and visionary Welsh hero Taliesin was found floating in a basket on May eve.

It is appealing to link these mythological strands historically. In reality, however, we will possibly never know whether Idris was indeed a one-time prince of Meirionnydd. A prince whose renown or military prowess caused him to become a 'giant' amongst men, and immortalised as the giant of Cader Idris, or rather if he is the product of local folk tales and vivid imagination, fuelled by the dramatic landscape and changeable weather of the Snowdonia mountains.

While the mountain is most strongly associated with Idris the giant, it is sometimes also referred to as Arthur's Seat – referring King Arthur. This connection has been popularised by Susan Cooper in her book *The Grey King* which forms a part of the *The Dark Is Rising* series.

In Welsh mythology, Cader Idris also forms part of the hunting ground of Gwyn ap Nudd, lord of the Celtic Underworld 'Annwn', and his strange, red-eared, otherworldly dogs. The howling of these great dogs was a portend of death for those who heard it, as it was believed that the pack herded the person's soul into the underworld.

According to Jan Morris in *A Matter Of Wales*: 'The first tourists came to Wales in the eighteenth century when the Romantic movement first convinced English people appointed Chairman. In January 1876 the Governors awarded the building contract to Messrs Richard Jones and Edward Evans, builders from Arthog, for £2,096. It was estimated that a further £2,000 would be needed to build a larger mistresses' house to accommodate boarders and to build a wall around the grounds and for other expenses. As a result, Samuel Holland appealed for further funds. Eventually more than £2,700 was raised with donations ranging from £150 to half a crown. The tradesmen of Dolgellau contributed in substantial numbers.

The school foundation stone was laid by Mrs Caroline Jane Holland, wife of Samuel Holland, on Thursday September 21, 1876. It was an impressive ceremony. All the town shops shut at noon and a public luncheon was held at the Royal Ship Hotel at a cost of three shillings per head. A procession headed by the town band left Eldon Square to arrive at the site by 3.30pm.

Miss Emily Armstrong, LLA (Hon) was appointed the first headmistress on September 8, 1877 and the school opened on February 8, 1878 with the arrival of the first boarders.

Miss Nightingale

Miss Ellen Constance Nightingale was headmistress from 1924 to 1940 so all of the Siop Newydd Girls apart from Phil and Nanw would have been at school during her time. She seems to have been a remarkable woman who surely left a lasting impression on the girls.

She is described thus on the Dr Williams website:

"An intellectual and visionary headmistress who was tall, imposing and elegant in colourful Eastern style shawls. She was a member of the 'Friends' and her trust and belief in her pupils derived in large measure from the Quaker belief 'respect for every person, regardless of rank or status and in the essential goodness of everyone'.

"During her tenure, no girl received a punishment for a misdemeanour but was encouraged to look to her conscience.

"Miss Nightingale was a remarkable woman who taught not so much about Latin texts or Old Testament religion but about compassion, the love of beauty surrounding us, about integrity and about the power of silence."

Chapter six
Dr Williams' School For Girls

All eight of the Siop Newydd Girls attended Dr Williams' School which opened in 1878 and was a familiar landmark in Dolgellau until its closure in 1975. It is currently Coleg Meirion Dwyfor, a tertiary college serving senior pupils from secondary schools in Meirionnydd and Dwyfor.

According to Merfyn Wyn Thomas in his book *Honour Before Honours: The DWS Story* (Nereus, £15), the origins of the school go back to 1716 when Dr Daniel Williams, a prominent non-conformist minister from the Wrexham area left the huge sum of £50,000 in his will. The will placed the money in the hands of 23 trustees who were to establish a school in Chelmsford, Essex and seven others in Wales.

It was more than 150 years later that the Endowed Schools Act of 1869 acted as a catalyst for the provision of new schools. It was decided that the Dr Williams Trust should be used to endow a secondary school in North Wales.

Various sites were considered for the new school with Caernarfon and Dolgellau eventually emerging as the most suitable locations. It was also agreed that the new establishment should be a girls' school. There was some concern that the presence of a military barracks in Caernarfon might act as a distraction for the young ladies. Despite this the endowment was offered to Caernarfon provided £1,000 could be raised locally and the town could provide two acres of good building land.

Caernarfon was unable to meet these requirements, so Dolgellau became the preferred location and the town found a champion for its cause in Samuel Holland (1803-1892). Holland was the Liberal MP for Merioneth from 1870-1885. In 1875 he settled at Caerdeon Hall near Bontddu. His connection with the county went back to 1821 when he was sent from Liverpool by his father to supervise work at the new slate quarry in Blaenau Ffestiniog.

On October 20, 1874, Holland held a public meeting at County Hall, Dolgellau to enlist local support and started the ball rolling with a personal donation of £100. The scheme gathered public support, but then Caernarfon re-entered the reckoning when the newly elected mayor, Lewis Lewis, pledged £500 for a school in the town. If anything the competition from Caernarfon galvanised support in Dolgellau and by January 19 1875, Holland reported to the Trustees that £1,400 had been subscribed to the building fund.

Holland bought 12.5 acres of land from John Vaughan at Nannau near Dolgellau for £2,650 and donated two acres to the school at a site just outside the town on the Barmouth road.

The first meeting of the governors of DWS took place on Wednesday, September 15, 1875 at the Public Rooms (later Neuadd Idris and Ty Siamus). Samuel Holland was seemed strange that is remained derelict for so many years. Despite being told not to, Dafydd and I would play there and climb the remains of the rickety stairs. There were storage chests up there. Most of them were locked but we found a giant Draig Goch flag in one of them.

In one of the stone storage areas of the old building the Siop Newydd girls had measured their height and scratched their names into the stone next to the marks.

I wonder if those names are still there...

Plas Canol: The family lived here before moving to Victoria House in about 1912 and Siop Newydd in about 1922. Nain and Auntie May returned to Plas Canol after leaving Siop Newydd.

people.

As children, Dafydd and I sat at the back of the table with our parents on our right and Nain on our left. Auntie May sat facing us so she had easy access to the kitchen.

If we were allowed to leave the table early, we crawled underneath through what seemed like a forest of wooden and human legs.

Apparently the table came from a big house near Ganllwyd where Taid once worked.

The kitchen at Plas Canol was narrow and ran along the back of the house. I remember Auntie May had a tea dispenser on the wall and there was a bit at the back with cupboards and an ancient fridge which always contained a jug of lemon squash.

The back door opened into a yard at the back of Ivy House and Siop Newydd.

When we were small the yard contained a small cobblers' workshop. This is where you'd find 'Uncle' Gwilym and Mr Roberts. I don't think Mr Roberts spoke much English, but we used to love going and sitting in the workshop and talking to Gwilym. If I walk into a cobblers' shop now (almost 60 years later) the smell of the leather takes my straight back to Gwilym's workshop.

A big wooden door at the bottom of the yard opens onto the lane at the top of the square.

Plas Canol is where the family lived and next door (but the same building) was a derelict building. It's now been restored and made into a flat. This is where Taid stored his ladders and paint supplies.

We were told it was derelict because there was a fire there many years ago. It always

Chapter five

Plas Canol

Richard's memories

Although the sisters regarded Siop Newydd as their home (it was the only place they all lived at the same time), most of the cousins think of Plas Canol as Nain and Auntie May's house.

Despite being in the middle of Dolgellau, Plas Canol is hidden from view because it is set back from next-door Ivy House bed and breakfast and there's a short path to the front door which curves away to the left of the gate.

Plas Canol and Ivy House were built in about 1829 and we think that Nain and Taid moved there when they were married in 1905. We don't know if the house was already in the family, if they bought it, or if it was rented.

We know that the first three girls (Phyllis, Nanw and May) were born in Plas Canol before the family moved to Victoria House and then Siop Newydd.

When the family moved from Plas Canol, Taid's sister Laura and her husband Edward lived there along with a woman called Miss Castle. They are listed in the Dolgellau archives as being the residents in 1925. Hilda spoke of Miss Castle a lot. She gave her a present when Hilda was Rose Queen in 1932. Gwylan still has it, an ornament of a little girl. Hilda remembered Miss Castle well and recalled that she had a companion lady with her (maybe not entitled to vote?) and they lived in the large lounge.

There is a suggestion that ownership of the house was disputed and the occupants were reluctant to leave when Nain and Auntie May wanted to move back after leaving Siop Newydd.

Plas Canol has a Mediterranean feel. It is built of Dolgellau grey stone and has a low, sloping slate roof. There's a veranda over the front and a circular patch encloses a lawned garden. The house faces south west so has a sunny aspect all day.

A large stone wall separates the Plas Canol front garden from the big houses of the same period on the other side.

Inside, Plas Canol is well proportioned. Wide stairs to the left as you enter lead up to the three bedrooms, bathroom and separate toilet.

On the right is the parlour (where Miss Castle lived) containing Auntie May's piano and the TV.

The large cwtch dan star, or sbensh (cupboard under the stairs) to the left is next to the door to the living room. The living room is where I remember Nain always sat, often with a large braille bible on a bed tray on wheels.

I think all the cousins remember the table that dominated the living room along with the antique sideboard. The table was enormous with thick carved legs. Apparently it had leaves and could be extended to comfortably accommodate more than a dozen

some connection with a cottage high up opposite Penmaenpool, on the other side of the estuary, in an area where there was 'panning for gold'... I think in the area where Clogau gold comes from now.

We went to Capel Judah Sunday School and I can remember Auntie May trying to teach us to sing. Then there was having to learn a verse to recite in 'Set Fawr'. After lunch on Sunday, there would be a walk, maybe up Cader Road or Cader Idris. Sometimes, we went in the other direction, over Bont yr Arran and up to the right.

We also visited Hilda and Mihangel in Fairbourne and Phil and Arthur in Llwyngwril where he was a policeman. Their house in Llwyngwril had a small garden in front and a gate. He had an MG sports car and drove it very fast along the straight road in Fairbourne. His father was the stationmaster in Carrog, between Corwen and Llangollen, which used to be the main line from Ruabon to Barmouth.

how they worked, and we were allowed in the engine when there was shunting going on in the goods yard. I have a memory of going in an engine (no 'train') to Penmaenpwl and back – was that really true? Looking back I'm astonished at what we were able to do in those days. We had unimaginable freedom.

Siop Newydd: Alan's memories

The first thing I remember about the shop is that there was a wicker clothes basket on the floor just inside the door, full of cups and saucers. There was paint from Goodlass Walls and their traveller came quite often. Other travellers came too but he definitely came often. In the left-hand corner towards the back, there were rolls of wallpaper hanging and it looked as if that section was open to the floor above but I am not sure about that. The shop was full of stuff. Auntie Doris worked in the shop.

On the landing, I remember being shown how to varnish a piece of furniture without getting any on the floor. I remember the upstairs sitting room at the front, overlooking the square and sitting in the window sill there to watch.

When we visited, we ate at the table in the back room, the 'parlwr'. That table was the one we then all played under in Plas Canol, the one with lots of leaves. However, when Lottie was a child, they ate downstairs in the kitchen in the cellar. I remember magic lantern shows in the cellar.

Nain had a maid who brought her a cup of hot water first thing every morning.

Outside Plas Canol, at the back, behind the stone walls, there were ladder racks that Taid and the men put all their ladders on. They were long chunky wooden hooks sticking out of the wall. I remember that there were apples wrapped in newspaper stored in the upstairs rooms of the 'buildings'.

On the other side of the 'Entry' from Siop Newydd was Taid's garage. It had an internal balcony that you could walk around and look down.

I remember 'Uncle' Gwilym's cobbler's shop in the back yard of Plas Canol.

There was a shoe shop next door to Siop Newydd, then the butcher's shop. I spent quite a lot of time with the butcher. I remember helping with the sausage-making machine and I often went with him to the slaughter house. It was quite gory but I took it in my stride so wasn't shocked.

I remember taking a bucket to the Marian to fish for trout. Uncle Peter used to fish a lot and bring us fish.

We used to walk all the way to Llanfachreth to visit relatives.

'Uncle' George was the stationmaster at Bontnewydd station. He was responsible for the station, the signal box and the level crossing. We used to go there to play.

I remember going to Ganllwyd where there was some family connection, or friends. I remember a lodge or cottage by the river.

When I was visiting Dolgellau as a teenager (mid-1950s) I went with some local lads to Blaenau Ffestiniog for a night out dancing.

We went for walks a lot, such as New Precipice Walk and Precipice Walk. There was and at the top, the back door of Plas Canol, alongside of which was the entry to 'the buildings' where Taid kept all his materials and tools for his painting and decorating business. It was dark in there, and there was a ladder? to a kind of loft. I think the roof wasn't too good and it was always cold in there.

The back of one door was covered in thick runnels of paint – I'm assuming from countless first-stage brush cleaning procedures. There was also a record of the girls' heights on a post/wall which was still there when we visited many years later.

Of course. if we were in Dolgellau on a Sunday we had to go to Chapel – rain or shine. It was quite different from church, that we were used to. There was the Set Fawr at the front facing us with the Deacons. Taid had been one. But the worst for us was that we had to go to the front and recite a verse that we had learnt. All of us wanted to say 'Duw cariad yw' ('God is love'), but only the very youngest was allowed that one.

Going for walks were a feature of staying in Siop Newydd. As well as the Torrent Walk and the Precipice Walk – both expeditions – we used to do a round walk in the town up to 'the lonely tree' along the path running above the town, then down the Aran river running brown from the tannery, and back through the Square. Many of the walks were also for foraging – anything that happened to be in season.

There were expeditions up Cader Idris – a very long hard walk for small children. I think I was only about seven or eight when I first went (the younger ones stayed behind) and we did have a lift along the first part of the road. Foxes Path was scary, and it was a very exhausting day. But it was brilliant – my first real mountain.

We used to play in the main river Wnion – throwing stones, building pools and small dams, watching small fish (trout I suppose), and various other water creatures. We would have a go at fishing but I don't recall catching anything. We could wander around the Marian and the Park. I think Taid used to play bowls in the Park.

A highlight for us from Anglesey was a fish and chip supper. We didn't even live in a village so there was no such thing at home. It was a treat to walk in anticipation on a Friday night and wait in the queue amid the chatter and warm smell of fish and chips.

Going to the beach in Barmouth (Bermo) on the train, was the best. There were donkeys for rides, and there were DKS 'ducks' left over from the war. They were like tanks and went on land and water. We loved those and we saw porpoises diving under and round the vehicles. Nain was a star and we all had to join her in digging a big pit with a 'seat' around the inside for us all to sit on when we had our picnic.

Then there were the trains – we didn't have those in Anglesey either – at least not anywhere near us. We used to go on our own to the station often to watch them. We were actually train spotters unknowingly, and took the numbers of the trains that came and went – the same ones over and over I imagine. We were obviously noticed by the railway staff because they talked to us and after a while they allowed us to do the most amazing things. One of them was 'in charge ' of us – I wish I could remember his name – he lived near the Square I think. I also think he was a friend of the family. I'm guessing he was actually risking his job. We were taken to the signal box to see all the levers and

Nain and Taid outside Siop Newydd with (we think) Doris. The shop was Sulis gifts for several years in the 2000s and in 2024 was Hunky Dory Antiques Vintage and Collectables.

The main kitchen was in the basement and that's where we mostly ate, but there was a dining room for more formal meals like Sunday lunch or when there was a bigger family gathering. It had an impressive big chunky mellow, yellow-coloured table with leaves to extend it. It's legs were ornately carved and I think it had castors. On the window sill there was a BIG book. One day it was raining heavily and I was bored, and I suppose I wanted to look out of the window. I climbed up and sat on the book. Big mistake – I was shouted at – it was a BIBLE. Nain was very strict about what we could and couldn't do, especially on a Sunday. That was not a 'normal' day.

The sitting room on the first floor and overlooking the Square was my favourite room. It was big, and you could watch all the activity outside, including big events (there were some, but I'm not sure which they could have been). It was where cousin Joseph used to be very impressively 'the preacher'. But it was David, his brother, who actually became a pastor in later life. It was the place we mostly went to when it was raining, to play games of one sort or another.

The shop itself was below the sitting room and we weren't often allowed in there. There were plain floorboards, and racks of wallpaper rolls along one wall which I remember trying to climb up, and there was a very distinctive (and pleasant) smell of putty and methylated spirits.

There was no garden, but a passageway – The Entry – into a backyard, partly shared by the shoe shop next door and 'Uncle' Gwilym and Mr Roberts' cobblers' workshop,

Chapter four
Siop Newydd

It's possible that the original building on the site of Siop Newydd dates back to seventeenth of even the sixteenth century.

According to a report for the Snowdonia National Park authority, a timber beam in the cellar of the building is similar to those used in buildings in the 1500s and 1600s. However, the current building is more likely to date back to the 1820s – about the same time as Plas Canol.

Even though the girls were brought up in Siop Newydd we have been unable to establish when Nain and Taid set up the shop, which was essentially a hardware store. Although always referred to as Siop Newydd the sign on the shop frontage carries Taid's name – Richard Jones. Confusingly an advertisement from 1876 and an invoice from 1874 show that the shop was called Richard Jones then. But Taid wasn't born until 1878 so it can't be the same Richard Jones.

Siop Newydd: Rhian's memories

The kitchen was the hub and there was always someone there preparing food and cooking. I think Doris was the main cook.

Siop Newydd was a gathering place for the family especially in the school summer holidays. It was where we met our cousins from Rochdale, though understandably we were rarely there together for long.

I don't remember much about the bedrooms, except I used to get into bed with Nain in the morning when I was very small and she would tell me stories – sometimes in English, which is strange thinking back, but I suppose because sometimes part of the Rochdale family would be there as well. I would nag her to tell yet another story, but when she'd had enough she would tell the story about the locusts. All I can remember is that it was about a plague of locusts and she would chant 'And then another locust came with another grain of sand', over and over. When we wanted to know what was next, she'd say – 'Well they haven't brought enough sand yet'.

Another story was the Prince choosing a wife. There was a choice of three and they were all beautiful, and he couldn't decide which one to have. He cleverly decided to ask them separately to cut the rind off a chunk of cheese. He chose the one who cut the rind 'mediumly' off the chunk – so, not too mean, and not too extravagant.

There were two attic rooms with all sorts of jumble to excavate on a rainy day. We all loved rifling through the boxes and bags. There were gas masks which I had certainly never come across in Anglesey, lots of old clothes, hats, bedding and materials – for dressing up of course, boxes galore of buttons and old broken jewellery, old tennis rackets, household items, books and magazines – you name it.

1913	Dolgellau Free Library And Institute opens in May.
1949	Dolgellau hosts the National Eisteddfod.
1949	Queen Elizabeth II visits Dolgellau.
1960	Dolgellau hosts Urdd National Eisteddfod.
1964	Dolgellau railway station closed.
1966	Fifteen people drown when the Prince of Wales ferry, from Barmouth, collides with the Penmaenpool bridge and capsizes on July 22nd.
1969	Plaza Cinema closes.
1974	Under the Local Government Act (1972), Dolgellau becomes the administrative centre of Meirionnydd, a district of the county of Gwynedd.
1975	Dr Williams' School For Girls closes.
1992	Inaugral Dolgellau Sesiwn Fawr (Big Session) annual music festival takes place.
1994	Dolgellau hosts the Urdd National Eisteddfod.
1998	Gwynfynydd gold mine near Ganllwyd was one of the only sources of Welsh gold until production stopped in 1998.
2001	The population of Dolgellau is 2,678.
2011	The population of Dolgellau is 2,688.
2020	The population of Dolgellau is 2,729.

Timeline

1198 (c) Cymer Abbey founded by Maredudd ap Cynan (Lord of Meirionydd).
1209 Charter granted to Cymer Abbey by Llywelyn the Great.
1253 Norwich Taxation refers to St. Mary's Church 'Dolkelew', the first written record of the church and of the town name.
1284 Cymer Abbey awarded £80 compensation for damage caused by the wars with England.
1291 St. Illtyd Church, Llanelltyd, built.
1295 Edward I visits Dolgellau.
1400 Rebellion led by Owain Glyndŵr begins.
1404 Dolgellau is the location of the last Welsh parliament under Owain Glyndŵr.
1536 Cymer Abbey closed under the Dissolution of the Monasteries.
1606 The Old Town Hall (Y Sosban) built.
1638 The Big Bridge (Y Bont Fawr) built across the river Wnion. Originally it had ten arches, three arches were lost when the railway was built in the 19th century.
1640s During the Civil War, Dolgellau was fortified by royalist forces but they were defeated by parliamentary troops under Sir Edward Vaughan.
1657 The Quakers become established in Dolgellau following a visit by George Fox.
1665 Free grammar school founded by John Ellis.
1716 The old St. Mary's Church is demolished, a town gaol is built where the Clifton House Hotel now stands.
1750 The founder of Methodism, John Wesley, visits Dolgellau.
1755 (c) New road built to Bala.
1794 Outbreak of smallpox kills 36 people.
1801 Population of Dolgellau is 2,949.
1803 The town's first bank opens.
1865 Major gold deposits discovered at St David's Lode, Clogau Mine at Bontddu to the north of the Mawddach Estuary between Dolgellau and Barmouth. Clogau was originally a copper mine.
1868 The railway arrives in Dolgellau.
1878 Dr Williams' School For Girls established.
1879 Penmaenpool toll bridge across the Mawddach built.
1911 Population of Dolgellau is 2,160.

Here is a poem she wrote while a pupil at Dr Williams' School.

Dolgellau
By Marion Eames,
Form Vls Dr Williams' School

No city this, no million glorious lights,
No ceaseless roll, and noise of blaring horns,
No blazing hues destroy the calm of nights,
No swains of Bacchus to disturb the morns.
Dawn breaks upon the place I've learned to love,
With her dim rays lights up the grey stone walls,
And bursting on the world from up above,
The sun gleams on the rippling waterfalls.
And when the sun has finished for the day,
And spreads its splendid blanket in the west,
The stars and moon appear to light the way,
Whilst young and old alike retire to rest,
Oh God! One earnest prayer I send this night,
That man will ne'er destroy this peaceful sight.

Marion Eames

Marion Eames was regarded as one of the greatest Welsh novelists of the second half of the twentieth century. She was born into a Welsh family in Birkenhead but when she was four years old the family moved to Dolgellau.

She was a pupil at Dr William's School from 1932 to 1937 and a good friend of Beryl and Hilda in particular.

Marion left school when she was 16 to work in the Merioneth County Library in Dolgellau. Here, under the guidance of the Librarian, Miss Jane Roberts, her appreciation of English literature was further nourished and developed but, more significantly, it was here that she was encouraged to become fluent in Welsh and where her deep and lasting love of Welsh literature was born.

Although best known as a brilliant historical novelist she had enjoyed a flourishing career in other spheres. She was recognized as a forward-looking and incisive journalist and editor. She was also a talented harpist and attended the Guildhall School of Music as a mature student in 1954.

During her time there she met her future husband, Griffith Williams, a Fleet Street journalist. They were married in London in 1955. In 1959 she was appointed to a post with the BBC and remained with the corporation until her retirement in 1980. As producer of radio programmes she was responsible for such flagship programmes as *Morning Story* and *Woman's Hour* in English and *Llais y Llenor* and *Merched yn Bennaf* in Welsh.

In an obituary in 2007 in the *Independent* newspaper, Professor Meic Stephens paid tribute to "a perceptive historical novelist" who "was one of the most consummate prose-writers. Her books are admired for their literary quality as much as for the meticulous research on which they are based".

Bleddyn. It seems to have remained as such, as it is mentioned in these terms in annals during the reign of Henry Tudor (1485-1509).

Cymer Abbey in nearby Llanelltyd, founded in 1198, was the most important religious centre locally, and it seems that from the mid 12th Century, Dolgellau gained in importance, and as such was mentioned in the Survey of Merioneth ordered by Edward I. Edward visited Dolgellau in 1295.

There's an interesting reference to Dolgellau from 1401 from the book *Cambridge County Histories: Merionethshire...*

"Henry Hotspur, a son of the Earl of Northumberland, was at that time Justice of North Wales and Constable of its chief castles. He was commanded by the King to take action forthwith, and accordingly in May, 1401 he proceeded to Dolgelly with a strong military force. At the foot of Cader Idris he met with the forces of Owain Glyndŵr. A severe but undecided conflict took place, in which the followers of Glyndŵr fully held their ground. Hotspur did not attempt to renew the attack, nor did he pursue Glyndŵr farther, but quitted North Wales and resigned his offices of Justice and Constable."

In 1404, during Glyndŵr's national uprising, Dolgellau became the location of a council of chiefs led by Glyndŵr himself. Glyndŵr reportedly held the last Welsh Parliament here (in 1404). The building was removed and installed in Dolerw Park, Newtown in 1886. T.H. Roberts shop now stands on the site of Glyndŵr's parliament building.

In the 16th Century, the area was infamous as the territory of the Red Bandits of Mawddwy – Gwylliaid Cochion Mawddwy. These were a band of robbers from the hills around Dolgellau, who are remembered in the folk literature of the area, as well as in a number of place names such as Llety Gwylliaid (bandits' lodging) and Llety'r Lladron (robbers' lodging) near Bwlch Oerddrws. The pub in Mallwyd is called Brigands' Inn.

There is an odd film about the bandits in the British Film Institute archives. It was shot by John W Meredith a cine enthusiast who worked for the mechanical engineering firm Thompson Brothers at Bradley Engineering Works, Bilston, Staffordshire. Together with colleagues, he came to Penygeulan farm, Llanymawddwy, on an annual camping trip from 1929 onwards and in 1936 he shot Gwylliaid Cochion Mawddwy/Bandits of Mawddwy with local farmers and villagers.

https://player.bfi.org.uk/free/film/watch-gwylliaid-cochion-mawddwy-bandits-of-mawddwy-1936-online

Camlan Field near Dinas Mawddwy just a few miles from Dolgellau is said to be the site of the last battle of King Arthur, based on a mention of the name in the medieval text *Annales Cambriae* (Annals of Wales) to the Battle of Camlann.

Today, Dolgellau's economy relies mainly on tourism although agriculture continues to play a significant role, and a local farmers' market is held in the town on the third Sunday of every month, and each Friday, the town holds a 'diwrnod sêl' or sale day.

Eldon Square in the 1940s looking up from the Ship Inn. Siop Newydd is top right. The sign over the door says Richard Jones (Taid's name) rather than Siop Newydd.

Above: Eldon Square in the nineteenth century.
Above right: The WWI memorial was unveiled in Eldon Square in 1921 and later moved to the park.

Market day in Eldon Square.   The town band in Eldon Square.

Chapter three

Dolgellau through the ages

When the Siop Newydd girls' great grandparents were born at the end of the 18th and in the early 19th century, Dolgellau, the traditional county town of Merionethshire, was a centre for the wool trade and tanneries. It was also famous for its tweed.

When their grandparents were born in the mid 19th century the town was at the centre of a gold rush as mining started in the Dolgellau Gold Belt – the area to the north of the Mawddach and to the west of Ganllwyd. And when the Siop Newydd Girls' parents were born (Richard Jones in 1878 and Jane Jones in 1880), the railway had come to Dolgellau and Dr Williams' School For Girls was welcoming its first pupils.

Dolgellau is a most peculiar place. The town's name has an uncertain origin. 'Dôl' is Welsh for 'meadow' and 'gelli' means 'grove' or 'spinney', and is found commonly in local names for farms and sheltered nooks. While this is the most likely meaning 'Meadow of Groves', another suggestion is that the name could derive from the word 'cell', making the translation 'Meadow of Cells' which might relate to the monks cells at Cymer Abbey.

The old town, built around the medieval village, is enclosed by the rivers Wnion and Aran and the slopes of Cader Idris which rises to a height of 3,000 feet. There is a fine square (Eldon Square) at the centre of Dolgellau and a series of twisting alleyways run through the town to the Marion Fields and the river Wnion. There are said to be fairies under the Bont Fawr bridge over the Wnion which was originally built in 1638 and remodelled in the early 19th century and in 1870.

The buildings in the old town are built from a distinctive grey stone giving Dolgellau an immediate identity that has not been compromised by new builds. The roads in and out of the town are narrow; the shops and tea rooms are busy. Sixty three per cent of the population of 2,688 speak Welsh according to the 2011 census.

The great Welsh chronicler Jan Morris describes Dolgellau thus: 'It is still a tight tumble of grey stones that might almost have fallen there in an avalanche. As you wander its crinkled passages, out of that plaza-like main square from one urban cranny to another, grey stones all around you, tall grey walls above – as you potter about town you may sometimes imagine yourself to be in some immemorially ancient burgh.'

Going way back in time, Dolgellau stands in the centre of what was once the Celtic tribal lands of the Ordovices. A few Roman coins from the reigns of the Emperors Hadrian and Trajan have been found locally, and there are three hill forts around Dolgellau.

Following the withdrawal of Roman forces from Britain, the Dolgellau area came under the control of a series of Welsh chieftains. In the late 11th or early 12th century a settlement was established as a 'serf village' or maerdref, possibly by Cadwgan ap

Islawrcoed, near Trawsfynydd. Nain was born in a cottage on this spot in 1880 before the lake was created. In 1880 the road from Gellilydan ran directly outside the cottage.

Gwylan and Rhian standing outside 7 Arenig Terrce in Bala. Nain's parents had moved here by the time of the 1891 Census. Evan Evans, aged 40 is an insurance agent, his wife Ann (38) has no occupation listed. They live in Bala with their children, Evan (aged 13, known as Evie), Jane (aged 11, our Nain) and Owen (aged 8), who are at school in Bala. Herbert is three years old. The oldest, Annie, has left home.

In the 1911 census the family at 2 Albert Street is Evan (60, now an insurance agent), Jane (58), Owen (28, assistant gas engineer), Lilian (18, tailoress) and Ethel (16, dressmaker). This census further records that Owen was born in Trawsfynydd and Lilian and Ethel were born in Bala. It also records that Evan and Jane had eight children, six of whom are living.

Chapter two

Islawrcoed, Bala and Wrexham

In 2021, Rhian, Gwylan and Richard walked to Islawrcoed from the car park at the northern end of Trawsfynydd Lake. You can also park in the lay-by on the main A470 and walk along the footpath to Islawrcoed.

When you reach the shore, you can just about make out the footprint of a row of cottages just yards away from the lake. But the lake wasn't there when Evan Evans and Ann lived in Islawrcoed circa 1880-1890 with their young children. The lake was constructed between 1924-1928 when four dams were built to create a reservoir to supply the Maentwrog hydro eclectic power station. The size of the lake was increased in the 1960s to service the Trawsfynydd nuclear power station.

When Nain was born at Islawrcoed in 1880 the road from Gellilydan ran directly outside the cottages and the Bala to Ffestiniog Railway was a mile or so behind the houses. The railway line was particularly used to transport slate from the quarries at Blaenau Ffestiniog and elsewhere.

By 1891, the family are living at 7 Arenig Terrace in Bala, just off the high street. The census shows that the Evan Evans, aged 40 is an insurance agent, his wife Ann is 38 (no occupation listed). Their children Evan (aged 13, known as Evie) Jane (aged 11 , our Nain) and Owen (aged 8) are at school in Bala and Herbert is three years old. The oldest, Annie, had left home by then.

We can't be entirely sure why the family moved from Islawrcoed to Bala, but we think that Evan's work as a stonemason saw him follow the Ffestiniog-Bala railway, working as a stonemason helping build bridges and embankments.

The occupations of some of their neighbours in Arenig Terrace includes seamstress, apprentice dressmake, agricultural labourer, fishmonger, general labourer, railway platemaker, letter carrier, coachman and fireman in a whisky distillery.

In 1895, the family moved from Bala to 2 Albert Street in Wrexham. We don't know why. The 1901 census reveals that Evan (aged 50) is once again working as a stonemeason/stonewaller. His wife Jane is 48 years old and her occupation is not recorded.

Jane's mother, Ann Owens (aged 81) is now living with the family. The children living at 2 Albert Street are Owen (18), Herbert (13), Lilian (8) and Ethel (6). Jane is recorded as living in Buckley, some 12 miles north of Wrexham, working as a housemaid in the home of a solicitor, Mr Hawkins, with his wife and four children. There was also a cook and a nurse in the house. Jane and the cook were recorded as the only two Welsh speakers in the household.

The occupations of some of the neighbours in Albert Street are feather dyer, upholsterer, labourer, leather finisher and clerk.

In 2021, Rhian, Gwylan and Richard visited Llanfachreth. Tai Newyddion is now a row of four cottages built into the hillside immediately below the large graveyard and impressive church. The cottages were built in 1812 when Robert Vaughan was lord of the Nannau estate.

The cottages are striking with white walls, slate roof and verandas supported by columns. The spectacular view from the front door is across open fields to the mountains beyond.

Tai Newyddion in Llanfachreth. One of the four cottages was home to Taid's grandparents Richard Jones (1808-1876) and Lowrey Jones (1802-1884) and Taid's mother Mary Jones (1844-1924). Mary moved to Upperfield in Dolgellau where Taid was born in 1878.

was appointed High Sheriff of Merionethshire for 1837–38.

After his death in April 1843 he was buried in Llanfachreth churchyard and included in his will the poorest villagers and servants.

Taid's grandfather Richard Jones (1808-1876) was a clochydd (bell ringer) at the village church, St Machreth, but it was a different church to the one that exists today. St Machreth church was first mentioned in documents in 1254, but in 1871, the medieval church was demolished and the existing one was built in 1874 at a cost of £1,300.

The last of the family to take an active role in the estate was John Vaughan, High Sheriff for 1880–81. He rebuilt farm cottages to a high quality. He also built a school and introduced a rent rebate of 10 per cent which made him very popular. He died in 1900, the estate was left to his wife and, in 1917, divided between her sons.

Nannau House was loaned to the war office as a convalescent home for shell-shocked veterans between 1918 and 1921. During the Second World War it sheltered a girls' school from Kent.

Some of the Siop Newydd Girls talked about supporting evacuees during the Second World War. Could it have been that these were the evacuees and there was still a family connection with Llanfachreth? Certainly, Alan (Lottie's son) remembers visiting Llanfachreth as a child.

By car, driving from Barmouth to Harlech on the A496 coast road, turn right in Llanbedr immediately after the Victoria pub. After about six miles, the narrow lane reaches a car park at Llyn Cwm Bychan. From here about 2000 steps rise up the slopes of Rhinog Fawr.

Of course, there are many legends surrounding this ancient pathway through the mountains, the two most common ones are that there is a secret tunnel leading from the Steps to Harlech Castle and that troops of Roman soldiers with pack mules can sometimes be seen trudging up the Roman steps, and that anybody who follows the soldiers will be led to a secret hoard of gold.

Llanfachreth

The history of Llanfachreth dates back to at least the 12th century when two families, the Nanneys and the Vaughans, controlled the area. The estate was, and is, known as the Nannau Estate.

The village is inextricably intertwined with the fortunes of these families and sometimes involves colourful tales of intrigue and feuding which is well documented on Wikipedia and elsewhere.

We'll fast forward to the time of Sir Robert Williams Vaughan (1768-1843). Despite being a Tory politician who sat in the House of Commons for 44 years from 1792-1836, Sir Robert is said to have ruled the estate as a benevolent dictator and was known as Yr Hen Syr Robert (Old Sir Robert).

He was head of the estate when Taid's maternal grandparents Richard Jones (1808-1876) and Lowrey (1803-1884) were born in the village in what seems to have been a golden age for the Nannau estate and Llanfachreth.

We've also found a reference to the baptism of Nain's paternal grandfather Evan Evans in Llanfachreth on October 27, 1799, so it seems certain that both sides of the family come from the village and were there during the 'reign' of Yr Hen Syr Robert.

Sir Robert built the 'Georgian' Nannau Hall between 1788 and 1796. He was elected as MP for Merioneth in 1792, and subsequently re-elected 13 times. He accomplished much for the area; along with the rebuilding of Dolgellau, he financed the renewal of cottages, enclosure walls, houses, roads, fencing and created the Precipice Walk on the estate.

Much of this work was paid for by Robert to relieve unemployment after the Napoleonic wars. He built several roads from Nannau house and, a mile east of Llanfachreth across the Bontnewydd road, a striking arch, called Y Garreg Fawr (the Great Stone) because of the huge stone, brought from Harlech, that forms the span.

Many of the cottages he had rebuilt in Llanfachreth are unusual architecturally. They include slate roofs curving over dormer windows, for instance, and porches with rounded brick pillars. The last he built was Glasgoed a mile north of Llanfachreth. The cottage should have been higher on the hill but Sir Robert's health was failing so he had it built where he could see it and oversee its construction from near Nannau House. He

The remains of Glan-llyn-y-forwyn above Ganllwyd in the Rhinogydd mountain range. Is this where Nain's father (Evan Evans) met Nain's mother (Jane Owens)?

Ardudwy between Rhinog Fawr and Rhinog Fach to Cwm Nantcol and down to Llanbedr or you would walk the Roman Steps.

Remarkably, the route to Cwm Nantcol was once used by stagecoaches travelling from London to Harlech. According to the CountryFile website there was no coastal route until the late eighteenth century when a trail was cut through the solid rock at Barmouth, so the area west of the mountains could only be reached inland via mountain passes and the valleys of Cwm Ysgethin and Cwm Nantcol.

Packhorse trains, drovers and stagecoaches navigated the green lanes where few venture now.

Ty Newydd, said to be a drovers' and stagecoach inn, was subject to many bandit raids. A track on the left drops to lonely Pont Scethin, a low hump-backed bridge spanning Afon Ysgethin. The crossing was used by stagecoaches on their journeys between London and Harlech.

https://www.countryfile.com/go-outdoors/walks/cwm-nantcol-cwm-ysgethin-snowdonia-wales/

Certainly, there were routes across the mountains used by drovers and others going back centuries, the most intriguing of which is the Roman Steps. The general consensus is that the Steps had very little to do with the Romans, but that they do date back to medieval times.

wife Jane (28) and children Annie (4), Evan (known as Evie) (3) and Jane (1). Jane Evans, of course, is our Nain.

Glan-llyn-y-forwyn

Evan Evans (junior) is our great grandfather. Nain's father. Nain's mother (our great grandmother) is Jane Owens (born in Birkenhead in 1852), the daughter of Owen Owens (born 1814 in Dolgellau) and Ann Owens (born 1819 in Llanrwst).

So where did Nain's parents meet? The answer is Glan-llyn-y-forwyn.

Beryl told the story that Jane was visiting her parents on the farm at Glan-llyn-y-forwyn when she met Evan from the neighbouring farm at Derlwyn. Jane was born in Birkenhead and, according to Beryl, couldn't then speak Welsh. Evan couldn't speak English but they met in the mountains and fell in love.

This may be a romanticised version of events, but it's the only one we've got.

The census records add more detail. Jane Owens was born in Birkenhead in 1852, probably at 85 St Anne Street. The Siop Newydd Girls referred to her as 'Nain Birkenhead'. We can't find her parents on the 1841 census but in 1851 census records they were living in Birkenhead. By 1861 the family had moved about 25 miles to Warrington to the east of Birkenhead.

The family living at 6 Bewsey Road, Warrington consists of mother and father Owen and Ann Owens, their sons Griffith (15), William (13) and Jane (8). Owen Owens gives his occupation as a stone mason. This could be important.

By 1871 the family have moved back to Wales and are living on a farm on the hills to the west of Ganllwyd at Glan-llyn-y-forwyn. The 1871 census informs us that Owen Owens (52) is a farmer of 370 acres living with his wife Ann (52) and daughter Jane (Nain's mother) aged 18.

By 1881 Jane has married Evan Evans (junior) who is now a stonemason (like his father-in-law Owen Owens was in Warrington). They are living in a cottage in Islawrcoed in Trawsfynydd. The year previously (1880) Jane gave birth to a baby girl, also called Jane, our Nain.

In 2020 local historian John Townsend walked to Glan-llyn-y-forwyn from Ganllwyd. The old paths and drover trails are now overgrown and the area is marshy making it difficult to get to the farmhouse. But they were able to confirm that the ruin is still standing. Most of the walls have collapsed over the height of two metres, but the western gable end, large fireplace and chimney were still intact.

If anyone wants to attempt hiking to Glan-llyn-y-forwyn, John recommends approaching the farm from the forestry commission road to the south.

Cwm Nantcol, Bwlch Drws-Ardudwy and the Roman Steps

Although the area between Ganllwyd and the coast is now remote, there is evidence of settlements going back to the Ancient Britons and even the Druids.

If you were to set off from Derlwyn to the coast (about five miles away) you would find your way blocked by mountains. So, you would either go across the Bwlch Drws-

By 1851 they are still living in Derlwyn and have three children, Ellis Evans (7), Ann Evans (5) and our great grandfather (Nain's father) Evan Evans who was 11 months old.

The family is still at Derlwyn in 1861. Evan Evans (senior) is recorded as being a farmer of 130 acres and our great grandfather Evan Evans (junior) is 11 years old. His brother Ellis (17) has his occupation recorded as a timber sawyer. In the nineteenth century there were four distinct kinds of sawyer – cooper sawyers cut wood to be made into barrels, ship sawyers prepared wood to build ships, hardwood sawyers specialised in working with mahogany and other 'fancy' woods and timber sawyers specifically cut wood for use in the building industry so it is likely that there was significant construction and/or renovation work going on in the area.

We know that just a few miles to the south east of Ganllwyd in Llanfachreth, Sir Robert Williams Vaughan (1768-1843) had started major renovation work to the Nannau estate.

The Ordnance Survey maps from the mid to late nineteenth century show the hillsides to the north of the River Mawddach were very different to the remote area it is today. Just a couple of miles to the west of Derlwyn was the Cefn Cam slate quarry. The Cefn Coch gold mine was to the south east and the hillsides were covered with trial shafts.

Gold was discovered at Gwynfynydd just outside Ganllwyd in 1863 when our great grandfather Evan Evans (junior) was 13 years old and living just a few miles away at Derlwyn. The Gwynfynydd mine wasn't developed commercially until 1887 and by 1888 (when Nain was eight years old and living about seven miles away in Trawsfynydd) the mine employed 200 people. The gold was extracted by driving horizontal tunnels (adits) into the mountainside, with the miners working deep underground by candlelight. The machinery was powered by water wheels and water turbines. In contrast to other mines in the area where the gold was found in shallow deposits, the Gwynfynydd gold was extracted from large quartz veins deep underground.

Further south in the hills above Bontddu between Dolgellau and Barmouth, the Clogau St David's gold mine was one of the most productive in the UK. They struck gold here in 1854 and the tunnels spread for 12 miles under Snowdonia.

These hillsides were not as remote as one might think.

The Diphwys manganese mine was in the foothills of the Rhinogydd mountains to the south west of Glan-llyn-y-forwyn. Tramways ran down the hillsides to take the slate, manganese, stone and gold to the roads and rivers.

Evan Evans (senior) died in 1869. The 1871 census shows our great grandfather Evan (junior), aged 20, still living in Derlwyn. His occupation is agricultural labour. The only other person listed is his sister Ann (25) whose job is given as general servant. Their mother Ann is still alive but a note on the census form explains that she was 'away from home on a visit' on the day of the census.

In the 1881 census Evan Evans (junior) is 30 years old and has become a stone mason. He is married and living in a cottage called Islawrcoed in Trawsfynydd with his

Chapter one
In the beginning

Derlwyn and Glan-llyn-y-forwyn

Our story starts in Snowdonia on a sheep farm called Derlwyn in the parish of Llanddwywe-Uwch-Y-Graig to the west of Ganllwyd, a village about six miles north of Dolgellau and seven miles south of Trawsfynydd.

Our great great grandparents Evan Evans and his wife Ann (née Roberts) are buried at the chapel in Ganllwyd, the nearest village to Derlwyn.

Further to the west of Derlwyn are Y Llethr (756 metres) and Diffwys (750 metres), the two highest peaks in the Rhinogydd mountain range. The third highest peak, Rhinog Fawr (720 metres) is to the north west of the farm.

The Rhinogydd mountains stand between Derlwyn and the coastal plain between Barmouth and Harlech. There are three routes across the mountains to the sea: Bwlch Drws-Ardudwy to Cwm Nantcol, Cwm Ysgethin and the Roman Steps. See box.

This is now one of the most remote areas of Snowdonia. Walking guides recommend that treks in the Rhinogydd should only be undertaken by experienced hill walkers. The area to the north of Derlwyn is now the Rhinog National Nature Reserve, a rocky terrain with spectacular displays of purple heather and home to several rare plant species, migrating birds and birds of prey including the rare merlin.

The terrain around Derlwyn is grassy and boggy in parts. According to a 1904 newspaper report in the Dolgellau Record Office, Derlwyn was 'A farmhouse in the middle of an oak grove with good pasture and many fields, but now attached to another farm to spare the cost to the squire of building a house in Derlwyn.'

The only problem is, we don't know *exactly* where Derlwyn is. Or was. The farm was uninhabited by the end of the nineteenth century and (as far as we know) there is no trace of the building. It's possible that when it became attached to another farm it changed its name. Ordnance Survey maps from the late nineteenth century show a farm called Cefn Cam to the north of the River Gamlan in an area called Craig Y Derlwyn.

But we do know that a neighbouring farm was called Glan-llyn-y-forwyn and we know exactly where this is because the ruins are still there. Glan-llyn-y-forwyn is in the parish of Llanelltyd, the boundary between Llanelltyd and Llanddwywe-Uwch-Y-Graig is the River Gamlan, so we know that Derlwyn was to the north of the river.

We also know that in the 1841 census Derlwyn was home to a farmer called Evan Evans (aged 40) and his wife Ann (30), our great, great grandparents on Nain's side of the family. Also living in Derlwyn in 1841 were Ann Owens (female servant, aged 15) and an agricultural labourer called Edward Williams (35).

Evan Evans' age is wrong in the 1841 census. He was born in 1799 and this error is corrected in the 1851 census when his age is given as 52.

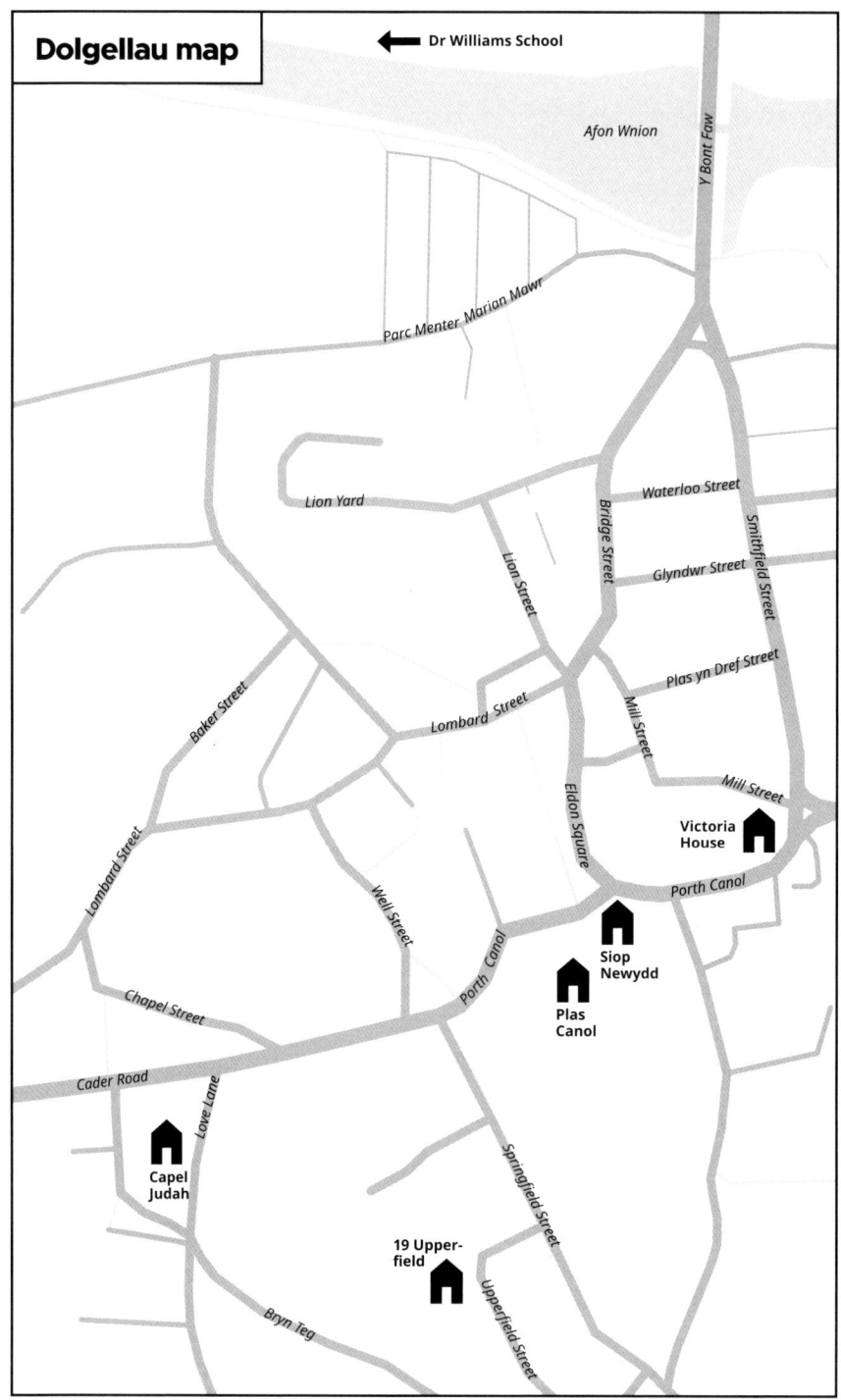

Dolgellau
The county town of Meirionnydd in North Wales where the Siop Newydd girls were born and grew up.

19 Upperfield
Taid born here in 1878.

Siop Newydd (New Shop)
The family home and hardware/painting and decorating shop at the top of Eldon Square in Dolgellau. Jane Jones (Nain) and Richard Jones (Taid), the parents of the Siop Newydd Girls, ran the shop from about 1922. Beryl born here in 1923.

Plas Canol
The house behind Siop Newydd where Nain and Auntie May lived after they moved from Siop Newydd. The family had also lived here previously. Phyllis, May and Nanw were born here and possibly Doris.

Victoria House
The family lived in Victoria House, Upper Smithfield Street, Dolgellau after leaving Plas Canol and before moving into Siop Newydd (approx 1918-1922). Birthplce of Iola and Hilda and possibly Doris

Dr Williams' School For Girls
The school the Siop Newydd Girls attended as day girls. The site on the A470 Barmouth Road is now occupied by Coleg Meirion-Dwyfor.

Capel Judah, Love Lane, Dolgellau
The Baptist Chapel where the Siop Newydd Girls were baptised. Nain was a Sunday School teacher here. Taid and Auntie May were Deacons. Phyllis and May were organists (Phyllis briefly, May for many years).

PLACES **59**

Derlwyn, Llanddwywe uwch y Graig
Evan Evans Snr his wife Ann, and their children Ellis, Ann and Evan Evans Jnr lived here from about 1840. We think the farm was inhabited until about 1880.

Glan-llyn-y-forwyn
Owen Owens, his wife Ann and their children Griffith, William and Jane (Nain Birkenhead) lived here in 1871 accordingb to the Census.

Gellilydan
Our Nain's Nain (Ann) lived in Gellilydan after her husband Evan died in 1869.

1 Islawrcoed, Trawsfynydd
Evan Evans Jnr, his wife Jane and their children. Nain's birthplace in 1882.

7 Arenig Terrace, Bala
Evan Evans Jnr, his wife Jane and their children Evan, Jane (Nain), Owen, Herbert lived here in 1891.

2 Albert Street, Wrexham
The family moved to Wrexham in 1895. Evan Evans Jnr, his wife Jane, her mother Ann Owens, and children Evan, Jane (Nain), Owen, Herbert, Lilian and Ethel

85 St Anne Street, Birkenhead
According to the 1851 census, Owen Owens, his wife Ann and children Griffith (5) and William (3) were living here.

Llanfachreth
We know that Nain's paternal grandparents (Evan Evans and Ann) were married in Llanfachreth on March 11, 1831 and we know that Taid's maternal grandparents, Richard Jones and Laura (Lowrey), were from Llanfachreth, a village about three miles northeast of Dolgellau. It's on the slopes of the Mawddach valley, near Precipice Walk and has a fascinating history.

5 Tai Newiddion, Llanfachreth
Home of Taid's grandparents Richard Jones (1808-1876) and Laura (Lowrey) Jones (1802-1884) and Taid's mother, Mary (1844-1924). She was living in Dolgellau by 1878.

Cader Idris
The mountain backdrop to Dolgellau played an important role in the girls' lives.

SECTION TWO:
PLACES

In the 1980s she visited Moscow with a peace delegation including the then head of CND Bruce Kent, such was her commitment to a society free of war.

Beryl had a deep belief in a world in which peace overcomes conflict, generosity overcomes greed and a world in which Wales beat England at *everything*.

Huw remembers…

Beryl, Wally, Richard and Dafydd used to come to Saundersfoot to stay, usually in the summer, and I always looked forward to them coming as we had great fun. In the early days Wally would have to visit 'The Old Chemist' in the village for some dutch courage as he was a bit apprehensive staying in the vicarage! Wally was a larger than life character and Beryl was so different. Wally's loud enthusiasm for life is best illustrated when he stood on the rocks at Coppet Hall beach dramatically addressing other beachgoers quoting Shakespeare in his baggy woolly and rather moth eaten swimming trunks. She remained unmoved by this seemingly everyday occurrence and quietly chatted away to mum and dad occasionally raising her eyes to the sky!

I recall Beryl retaining that quiet and peaceful air some years later when I was at Bristol Poly. I visited Sweets Road regularly sometimes under the pretext of Wally trying to improve my knowledge of advanced maths and structural calculations about which I was hopeless. It would usually end up playing football in the hall, twice breaking a light and crashing into furniture and once inflicting Dafydd with a cut eyelid.

Beryl would quietly carry on preparing a meal and tending to any injuries! Sunday lunch would start off with Wally and I having a few aperitifs (usually too many) at the Jolly Cobbler and end with energetic indoor games. Richard and Dafydd's favourite acrobatics would involve them swinging from the living room door and landing on the settee where Beryl continued chatting to me and, whilst not completely oblivious to the chaos around her, retaining calmness as she mildly rebuked the circus performers! Despite that I always had the feeling that she was in control and was so loved as a wife and mother. She was simply lovely!

language was 'village' Welsh, he didn't speak English well enough to progress in his teaching career, but he was successful in gaining a new position at Soundwell Technical College and the family moved to 36 Sweets Road, about equidistant between the two places where Wally spent most of his time – College and the Jolly Cobbler pub.

Growing up in Sweets Road was largely a happy and uneventful childhood for Richard and Dafydd until Walford died suddenly at home at the age of 61 in 1975. It was about 6pm. Beryl was making chips for tea. Wally came into the small kitchen and said he didn't think he'd have any chips, collapsed in front of the fridge and died from an aneurism in front of Beryl, Richard and Dafydd. It was left to Beryl to support Richard and Dafydd while holding down a full-time job at Kingsfield School and then St Ursula's.

Beryl's mother Jane Jones of Siop Newydd and later Plas Canol in Dolgellau, lost her sight overnight. When she visited Banbury and Sweets Road she always brought her large bible so she could read in braille.

Beryl and her sisters all suffered similar sight problems to a greater or lesser degree and Beryl was registered blind about the same time as Richard's partner Maggie discovered she was pregnant with Beryl's first grandchild Caitlin who was born in 1993. Mena followed in 1999 and both had a special bond with their Nain.

Before her sight became too poor, Beryl spent every Friday looking after the little Caitlin for the first couple of years of her life. She would play happily in a huge play pen occupying most of the living room – which Caitlin referred to affectionately as 'the cage'.

Beryl taught Caitlin and Mena Welsh Nursery rhymes – the most uproarious of which was *What's The Time Mr Wolf (Faint o'r gloch Mr Blaidd)* – always ending in screeches of joy.

They all enjoyed going together to Clwb Y Ddraig Goch at Windmill Hill City Farm, Bristol on Saturday mornings.

Beryl never complained about the loss of her sight and continued to lead an independent life catching the bus into Bristol and walking to Kingswood and Staple Hill to do her shopping.

She was an active member and past president of the Bristol Welsh Society and an occasional member of the congregation at St Stephen's where her funeral service was held . She regularly attended the Bristol Welsh-speaking services at the John Wesley Chapel, and later at Broadmead Baptist Church.

In the final years of her life she was cared for selflessly by Dafydd, who ensured Beryl was always comfortable and happy.

Beryl was not an overtly political person but she held some very strong beliefs. She was a committed pacifist and internationalist, she hated violence in any form. She learned Esperanto the international language, as a sign of her belief in international peace. She was an active member of the Campaign for Nuclear Disarmament and would deliver leaflets and petitions around Soundwell.

at Penycoed. The opening ceremony was performed by one of the school's most famous old girls, Dame Margaret Lloyd George, wife of former prime minister David Lloyd George.

Beryl was also at DWS when the school suffered a great tragedy, to which Beryl occasionally referred. In 1929, swimming was introduced for the first time. It took place in the river Mawddach about 30 yards from Llanelltyd Bridge. Only the senior girls from the fourth form upwards were allowed to participate in groups of 24 at a time. Unfortunately in 1938 one of the girls, a proficient swimmer, drowned. It's not clear whether Beryl was among the swimmers on that day.

After leaving Doctor Williams School, Beryl studied Welsh and German at Aberystwyth University during the Second Word War. She was the only one of the Siop Newydd Girls to go to university. It may seem odd that she chose to study German during the conflict with Germany but whenever questioned about her choice, Beryl just said that she was good at German and enjoyed her studies.

On leaving Aberystwyth, Beryl embarked on a career as a secondary school German and PE teacher and left north Wales. A big move for a welsh-speaking, chapel-going young woman.

As she began her teaching career, the letter B became significant in Beryl's life. She worked in Barrow-in-Furness, Buxton, Banbury, where she met her husband a technical college lecturer Walford Bowen Jones and in 1966 they moved to Bristol pretty much on the day that the first Severn Bridge opened.

As a German teacher, she visited Germany on several occasions, most notably on cycling holidays in the 1950s and made a lifelong friendship with 'Margaret Germany', Dr Margaret Rosenbaum, who visited the family occasionally in Banbury and Bristol with her friend Irmgard.

The only time the family went on a foreign holiday together was when Walford drove them to Cologne via the Mosel Valley in a Ford Cortina to visit Margaret and Irmgard.

In 1957, Beryl and Walford were both teaching in Banbury and staying in the same bed and breakfast or hotel. They met when one of them heard the other speaking Welsh when they were phoning home from the public call box in reception.

They married, and Richard was born in 1958 while they were living at The Lodge a run-down gatehouse to a country estate near Banbury. Dafydd arrived in 1962 by which time they had moved to 79 Daventry Road in Banbury. Walford was a lecturer in electrical engineering at the local technical college

In many ways they were an unlikely couple – the rugby and beer-loving, hugely eccentric West Wales miner from Cefneithin who went down the pit at the age of 13 and the north Wales Chapel girl, but they were united by many things, not least their absolute belief in the power of education.

They moved to Kingswood, Bristol in 1966. Apparently Walford felt he had been overlooked for a promotion in Banbury. He sometimes felt that because his first

It was young Beryl who gave Arianwen the name by which she became universally known – Nanw. Arianwen was too much of a tongue-twister for Beryl and it came out as 'Nanw'.

Like all the sisters, Beryl would have helped out at Siop Newydd, but she remembers her mother and Doris being the mainstay of the shop.

Life for Beryl in Dolgellau revolved around the Baptist chapel (Capel Judah), Dr Williams' School, Siop Newydd and the outdoors – day trips to the seaside at Barmouth and Fairbourne, hiking to Cregennan Lake and adventures with her sisters climbing Cader Idris.

Geography scholars claim the mountain top is a classic example of glacial erosion with its cwms and corries. However, Beryl preferred a different explanation. Idris the giant, she said, walked across the sea from Ireland in five strides and hewed the mountain-top into a throne from which he could survey his Kingdom.

On one occasion the girls stayed Saturday night on the summit but in the morning the mountain was covered in mist and they took the wrong path descending on to Tal-y-Llyn rather than on the Dolgellau side and had to walk 10 miles home around the mountain on the Sunday morning. They missed chapel. Their mother was very displeased and Beryl told us that they *never* missed chapel again.

Beryl often said that if you stayed on the summit of Cader Idris overnight you would wake up either a poet or mad. Her children, Richard and Dafydd sometimes teased her that there was no evidence of her being a poet.

And she *was* an unusual character. Fun, sometimes naïve, an idealist, slightly eccentric, generous, loving and caring.

She enjoyed cycling in her youth and remembered her adventures with her sisters. On one ambitious trip when she described May cycling far ahead while she, Iola and Hilda desperately tried to keep up.

In her final years, as Beryl's memory began to fade and confuse, there was one story to which she often returned. She'd cycled to Barmouth and on the way back took an apple from her pocket. As she descended the steep hill out of Barmouth she realised too late that she was eating the apple with her brake hand and crashed.

In old age she laughed at herself long and loud at that memory.

So... next time you find yourself on a bicycle at the top of a hill with an apple in your hand, please think of Beryl before beginning your descent.

Beryl went to Dr Williams' School in 1934 aged 11. The headmistress was Miss Ellen Constance Nightingale who oversaw a time of expansion of the school buildings and curriculum in the 1930s. Beryl often mentioned the school's long-time music teacher Miss Violet Pashler Ingram ARCM who joined the staff in 1910 and was known by generations of pupils as 'the Bull'.

Beryl would have been a pupil at DWS when the footbridge over the Barmouth Road was opened as part of the school's Diamond Jubilee celebrations in 1938. The distinctive white stone bridge linked the main school building with the boarding accommodation

Beryl

Born: May 4, 1923, Siop Newydd, Dolgellau
Died: July 23, 2019, Southmead Hospital, Bristol
Married: Walford Bowen Jones, 1958
Children: Richard, Dafydd

Richard remembers…

The baby of the family, Beryl was the last of the eight sisters to be born and the last to die. She was the only one of the sisters to go to university and left Wales to work in England after graduating from University College Aberystwyth during the Second World War. Like the other two sisters who moved to England (Phyllis and Lottie) she never returned to live in Wales.

The name Beryl is a bible reference to the gates of Jerusalem from Revelation 21: 18-21…

The wall was made of jasper, and the city of pure gold, as pure as glass. The foundations of the city walls were decorated with every kind of precious stone. The first foundation was jasper, the second sapphire, the third agate, the fourth emerald, the fifth onyx, the sixth ruby, the seventh chrysolite, the eighth beryl, *the ninth topaz, the tenth turquoise, the eleventh jacinth, and the twelfth amethyst.*

Beryl was born in Siop Newydd and her sister Arianwen played a leading role in caring for her as an infant. It was appropriate therefore that Beryl was caring for Arianwen when she died at Llanfrothen in 1990 aged 82.

Hilda dreaded losing her eyesight as her mother, our Nain, and a number of her sisters had. Sadly, it did happen, due to Macular Degeneration. Characteristically, she coped well. She joined the local Macular Degeneration Group and embraced the opportunity to meet new friends and to benefit from any advice and guidance offered through the North Wales Association for the Blind.

She was offered a new treatment which involved and injection through the pupil of the eye. The thought horrified me and I asked her how she could face it. Her response was simple… "Duw yn rhai cyfee i ti, mi ddylet ti ei gwym'nyd o." (If God presents you with an opportunity, you should take it."

By now, Hilda was supported at home by daily visits from Carers, all of whom she befriended and took a great interest in their lives. Invariably they chose to visit her last so that they had time for a good chat and to benefit from her wise counsel over a cup of tea!

In 2013, there was a fire at Y Fedwen. Hilda escaped unscathed but sadly the house and its contents suffered considerably. Most of her worldly goods were lost and the house was uninhabitable for many months. Characteristically, Hilda coped stoically. She took up temporary residence in Haulfre, a local care home, whilst the repair works on Y Fedwen progressed. She loved it there and within a few weeks, having considered her options, Hilda asked if it was possible for her to stay at Haulfre on a long-term basis. Thus, Haulfre became her home. She was very happy there, enjoying the company and very much appreciating the 24-hour care. She called it her 'five-star hotel'!

Family and friends visited her regularly. She was always happy to see them and always happy for a trip out. By now, all three granddaughters were married, Anna Haf, Mari Hedd and Sara Mai. Hilda attended each of the weddings, dressed as smartly as ever, and thoroughly enjoyed each occasion. The girls visited her often as did her great grandchildren. She was amused that all five of them were boys when she was one of eight girls, with no brothers. She knew that there were two more on the way and that they were going to be boys too! She would have been surprised and amused to know that she now has a great granddaughter, thanks to Sara Mai.

During this period, we had our last holiday together. We went to Dolgellau.

On March 7th 2019, Hilda died of an infection. She was only ill for a week which we spent with her in hospital. We miss her greatly.

many visits to the former Yugoslavia and to Bulgaria, Italy, Ibiza etc over the years.

During the 1980s, after retirement, Mihangel's health prevented him from flying and I took over as Hilda's annual holiday companion. We had great times. She was such fun, always keen to explore and experience new things. Indeed, I remember having to remind her when she was in her late seventies that she did have a bad back and that perhaps hang gliding would not be such a good idea!

An oft-repeated mantra of Hilda's was "Go while you can" and she always encouraged family and friends to make holidays and explore exciting opportunities. She was instinctively positive and found it difficult to understand negativity and pessimism in others, even people who moaned about the weather.

Retirement: Mihangel retired in 1982 so of course they had to leave the Rectory. Hilda continued to work for a few years and Mihangel continued with his Council work. Hilda was particularly happy to look forward to a nice convenient bungalow although Mihangel, being the more romantic and least practical of the two, left with greater reluctance and was to miss the fantastic view of the Snowdonia mountains which we had enjoyed throughout our time in Llansadwrn.

Ever sensible, Hilda steered their house search in such a way as to ensure that they moved to a nice bungalow in Llanfairpwll, around the corner from a shop and an excellent bakery and on a regular bus route. They settled down well at Y Fedwen, attending the local church at St Mary's and joining the group of many retired clergy living in Llanfairpwll at the time, such that it was referred to as Holy City.

By now, Byron and his wife Marilyn had returned to Anglesey to live and had settled in Talwrn. During the 1980s their three daughters were born, Anna Haf, Mari Hedd and Sara Mai. The girls saw a lot of their Nain and Taid, often being collected after school for tea at Y Fedwen.

Mihangel passed away in 1990, suffering from respiratory problems due to a lifetime of smoking his favoured untipped Woodbines. Hilda remained at Y Fedwen for a further 23 years. We continued to holiday every year and she visited me in Cardiff, sometimes by train, sometimes on the Trawscambria bus and once or twice by air from Valley Airfield. She loved spending time in Talwrn with the family and Sunday lunches there soon became a regular date.

Byron spent a lot of time with his mother despite his very busy and demanding work as Director of Social Services and Housing for Anglesey. He saw her regularly on Saturdays as well as Sundays and was a great friend and support to her. Sadly in 2008, Byron passed away suddenly due to a stroke. He was only 58 years of age. His loss was huge for all of us and of course our lives changed significantly.

I moved back to Anglesey from Cardiff and two years later was able to take advantage of an early retirement opportunity from National Museum Wales where I had worked for 32 years. Hilda and I spent a lot of time together and she took a great interest in my project renovating an old Ty Capel in Tynygongl. She was encouraging and wise in her advice.

time, and Auntie Nancy, Mihangel's sister, looked after four-year-old Byron at her home in Penrhiwllan, south west Wales. That is where Byron started school in nearby Aberbanc.

Once recovered, Hilda came home to the Rectory which was to remain our family home until they moved out on Mihangel's retirement in 1982. Llansadwrn Rectory was a lovely place in which to grow up, a huge playground as far as we children were concerned and our friends enjoyed joining us in exploring the attics and cellars and running up and down the many staircases. Hilda showed us how to slide down the banisters! She was fun. It was a busy time, raising a young family, being the Rector's wife, taking her part in local activities such as Secretary to Llansadwrn Sefydliad y Merched (Women's Institute). In 1953 Mihangel was allocated two more churches, Llanddona and Llaniestyn.

Also, in 1953 he was approached to stand for election to Anglesey County Council. He got in and remained on the Council for more than 30 years, holding significant roles particularly in Social Services and as Chairman of the Council. Hence, life at the Rectory got busier and busier. Hilda found herself regularly attending social engagements and hosting social occasions at the Rectory too. We children were drafted in to carry trays of 'canapes' along the corridors from the freezing cold kitchen to the warm lounge where the guests were entertained. The Rectory was a cold house. A Parish Priest's salary did not stretch to central heating!

Of course, finances must have been tight, a Parish Priest's salary being low and Council work being voluntary at that time. The Rectory had to pay towards its upkeep so we took in holidaymakers who had all our best rooms every summer. We moved into the back rooms and the Butler's Pantry became our kitchen. Also, Mihangel kept cattle and sheep on the five acres of Glebe Land.

When we were teenagers, Hilda returned to work. Having secretarial skills meant that she found work easily. She worked at Ap Thomas Architects office in Bangor and also for the Local Health Board offices in Cae Mawr. She enjoyed the independence of having her own job and particularly of being able to have a car of her own.

Hilda loved holidays. We had not had many as a family, usually visiting Hilda's family in Dolgellau and Mihangel's family in Penrhiwllan during school holidays.

We had been to Butlin's twice, once to Pwllheli and once to Skegness. I think Mihangel was there in a Chaplain capacity so perhaps we had 'free' holidays.

In the late sixties, as package holidays became more and more popular and available, Hilda soon became a regular visitor to the Travel Agency in Menai Bridge, arming herself with brochures as soon as they arrived and studying them thoroughly for weeks on end, carefully analysing which holiday would suit them best. Mihangel was not keen and indeed he resisted for many years.

In 1969, Hilda decided she could wait no longer and booked herself a week at the Hotel Bahia on the north coast of Majorca. This was enough to shock Mihangel into agreeing to joining her every year thereafter and they both thoroughly enjoyed their

The milk for the hospital was delivered in large churns which she just about managed to handle, much to the surprise of the hospital porters who assumed she was too weak as she was quite petite! During her round, she got to know the local people and soon had an invitation to go to Ael y Bryn in Llanfairpwll once a week for a bath. She often wondered why she and the other girls hadn't gone to live in the Land Army Hostel just down the road in Menai Bridge, where they had 'mod cons'.

Later, still during the War, she was allocated to pest control duties back in Merionethshire. She became most proficient despite having some difficulty in persuading the farmers that she knew what she was talking about. They would not accept that their farm had rats indeed! Anyway, she would know they were there because she developed a nose for them and, with the help of a colleague's terrier, was repeatedly able to demonstrate her point. A letter to Hilda from the Women's Land Army, dated August 23rd 1944 states "The Committee were delighted that a North Wales Area Volunteer distinguished herself by obtaining the highest marks up to date in the Pests Section of the Proficiency Tests, the highest in the whole country."

After the War: During 1947, Hilda was once again working in the bank in Towyn and would often call at her eldest sister Phyllis' house in Llwyngwril on her way home to Dolgellau. One day she answered the door to the recently appointed local curate, Mihangel Williams, who, according to his account of the event, fell in love with her at first sight. He described her as a 'vision of loveliness framed in the doorway'.

When they visited Mihangel's family on the farm in rural South West Wales for the first time, Hilda took her knitting with her. She just happened to be knitting a bikini at the time... apparently that didn't particularly impress the in-laws to be!

They married on November 4th 1947 at Dolgellau Church, Hilda having by then been confirmed a member of the Church in Wales, a big step having been brought up a staunch Baptist at Capel Judah. Luckily her older sister, Iola, had married a curate too so it may not have been such a shock to the family this time.

Married life: The first marital home was The Parsonage in Fairbourne where they lived for nearly six years, during which time both their children, Byron and Gwylan (me), were born, in 1949 and 1952 respectively. They were clearly popular with the parishioners who showed their appreciation in very practical ways... we still have the two lovely Minty bookcases presented to them 'as a token of affection from their friends in Friog and Fairbourne' when they left Fairbourne for Anglesey in July 1953.

At that time, Hilda had been diagnosed with Tuberculosis. There were mobile screening units at the time and she had gone along for a check-up because she suffered from extreme tiredness. This meant that she was admitted straight to hospital in Llangefni for many months of confinement and treatment while Mihangel moved in to the Rectory, Llansadwrn, on his own with two small children, no form of transport and no electricity! They must have been very difficult times and she often said that she was constantly worrying about the family and how he was coping.

Nain came to stay, from Dolgellau, to look after me, a nine-month-old baby at the

Later that year, Hilda moved up to Dr Williams' School. She loved her time there. It always sounded like fun when she spoke of it, plenty of fresh air activities and sports such as netball and tennis. She walked or cycled home to Siop Newydd for lunch every day.

Miss Nightingale was clearly an inspirational headmistress. Hilda's only disappointment during this period of her life was that it was clear to her that she was not earmarked for college. Her older and younger sisters were and presumably there were costs involved? Anyway, she decided that she would ensure that she had qualifications and skills which would put her in good stead to always earn herself a living.

Surprisingly, there was no opportunity to learn typing skills at Dr Williams' so she arranged with the headmaster of another Dolgellau school that she could attend there for typing lessons every week. She also taught herself shorthand. These skills did indeed serve her well in future years.

Her life outside school was also great fun. There were family picnics (sometimes up to a farm called Hywel Dda where a friend of hers lived), trips to the beach at Barmouth (where Tada, her father, used to play bowls while the family went on the beach), walks around the local area, climbing Cader Idris and cycling holidays with her sisters. When a bit older, she started going to the weekly dances at Neuadd Idris. She loved dancing and she loved classical music, saving up for records (78s of course) to play on the gramophone.

Like some of her sisters, she played the piano, and also an accordion! The girls were encouraged to make their own clothes and, as well as her ballgowns for the weekly dances, Hilda sewed a lot of her own clothes…dresses, blouses… and shorts! I always got the impression that the Siop Newydd girls were a fun crowd, a bit tomboyish maybe?

The War years: Hilda was 18 years of age when the war broke out. She held secretarial posts at the Council Offices in Dolgellau and at the National Provincial Bank in Towyn.

When there was a call for volunteers to go to London to help with the evacuation of children to the comparative safety of the countryside, Hilda and a friend, both still teenagers, were so disgusted at the poor response in Dolgellau that they went themselves. She recalled taking shelter in the Underground stations and the difficult homeward journey with young families.

When the milk supplies for the babies ran out, they had the brainwave to phone ahead to Dolgellau station to arrange that churns of fresh milk be ready there for the onward journey along the Cambrian Coast.

Hilda was 'called up' for military service and went along to the recruiting office. Whilst there, she saw posters asking for volunteers for the Women's Land Army for which she duly volunteered. Her first posting was to Bryngo Farm in Llanfairpwllgwyngyll on Anglesey. At Bryngo, she and three other Land Girls lived in a primitive stone cottage with no running water or electricity. Her duties were mainly to drive the farm's van to deliver the milk round in Llanfairpwll and Bangor, including the old C&A Hospital (where Morrisons is now).

Hilda

Born: July 25, Victoria House, Dolgellau,
Died: March 7, 2019, Ysbyty Gwynedd, Bangor,
Married: Mihangel Williams, 1947
Children: Byron, Gwylan

Gwylan remembers…

Hilda was the seventh of the eight daughters, the middle one of Y dair fach, the three little ones.

Education: Hilda's first school was the Nursery School on Arran Road. Her first teacher was Miss Lewis, who let them play in a sandpit and her second was Miss Williams, the Chemist's sister, who showed them 'magic painting'. Then she went to the County School which was over the Railway Bridge and up the hill, past the National School.

1932: Rose Queen Carnival. All the pupils of the County School and National School voted for who they wanted to be Rose Queen, to be from each of the schools in alternate years. Hilda was most surprised and extremely touched to be chosen. A coach and horses were borrowed from Caerynwch and beautifully decorated for the event. She was crowned by Miss Nightingale, the headmistress of Dr Williams' School. Hilda felt this was a great honour indeed. She was presented with gifts such as a canteen of cutlery, ornaments, serviette rings and cruet sets… at age 11! They were treasured and we still have many of them. Hilda was small for her age, as the photos show.

mum for my interest in cooking and enjoying food (and to dad for wine which started as home-made blackberry, elderberry and elderflower which Nain would drink because she didn't think it was alcoholic!).

Dad was quite strict and spent most of the time (when not in the garden) in his study but Mum was much more relaxed. We would do things together in the living kitchen room listening to the *Archers* and the *Navy Lark*. We would rush home from church after evensong on Sunday to listen to Simon Templar's *The Saint* before supper. When we had TV she loved watching programmes like *Maigret* and *Sherlock Holmes* (which were so much better in black and white). She would also watch *Top of the Pops* with me (I don't think Dad approved) which is probably why she took more interest when I played in a band (which again Dad didn't approve!). She would hear us practising and one of her favourites was *Walking The Dog* which she enthusiastically sang while doing a sort of jiggy dance.

She would also help me with my lines for school plays by reading the other parts and loved coming to the performances. Now this Dad did approve of, particularly when I played the preacher in *How Green Was my Valley*.

When it was warm in the summer I would get off the school bus in Saundersfoot and walk over to Coppet Hall beach where mum and dad would be there with a picnic – blackcurrant jam sandwiches, bara brith and homemade lemonade.

In later years the whole family would get together around the time of Mum's birthday in August and they loved being with all the grandchildren. The days at Carreg Cennen Castle, the Castell Henllys Iron Age village in the Presellis, and finally at Portmeirion filled mum and dad with such joy and hold such precious memories for us. I miss her love and warmth, that mischievous sense of humour with the sparkle in her eyes and cheeky grin.

I hit upon the idea of reading some of Edward Lear's poetry to her, *The Owl and the Pussycat* and *The Jumblies* were great favourites and it was a real thrill when she started joining in on the last words of the lines. It then became more than just reading, we were having enjoyment together.

Towards the end there was a period when she was very withdrawn. For about three weeks she didn't open her eyes and there was not much communication. Then one day I went to see her and her eyes were wide open and almost sparkling. We had an amazing conversation! It was as if there was no dementia at all. Quite incredible and it really cheered me up. Within a few days she had gone. I mentioned this to one of the staff and she told me that it was not unusual towards the end. I am grateful that I was there.

Richard remembers…

I don't know why, but I always thought Iola was the most 'laid back' of the sisters. Certainly I think there was a slightly different relationship between the three youngest ones (Iola, Hilda and Beryl) than the others.

We visited Iola, Glyn and family most summers in Saundersfoot, sometimes immediately after our annual trek to Dolgellau. It seemed to me the vicarage was a magical place, somehow cut off from the rest of the world. Glyn kept bees and had a kitchen garden, we went mushrooming in the field next to the vicarage, there was a croquet lawn, outbuildings with swallows in them, a kitchen with flagstones and a drive that went all the way round the vicarage.

I was allowed to borrow the books left behind by Rhian, and Robin (Dewi and Huw were still at home for most of our visits) and I remember sitting on the wide staircase reading *Swallows and Amazons*. I discovered Arthur Ransom in Saundersfoot.

Huw remembers…

Life at home as a child with mum seemed simple then with a closeness, warmth, and plenty of fun. She loved playing games and would giggle a lot. She would save all the jokes from Christmas crackers and many years later they would reappear. She would also wrap daft things as Christmas presents like a single bath cube, a thimble, a duff battery or tea bag in layers and layers of paper so whilst a Rolex watch never appeared we would nonetheless fall about laughing, even when we were given the same thing next Christmas.

Mum was great cook and I learnt a lot watching and helping her in the kitchen particularly when we made fudge, treacle toffee and mint creams! We were lucky that dad was such a keen gardener and there was always fresh produce to be picked and cooked. Not only Sunday lunch and Christmas dinner but the 'exotics' like curry with sultanas and kedgeree!. Mum excelled at baking and puddings like freshly picked blackberry and apple crumble and summer pudding with the bread oozing black and red currants and raspberries from the garden. The tart gooseberry sauce to go with fresh mackerel always sticks in my memory and I've never had it since. I owe a lot to

crossing the bridge to Llandovery I turned left meaning to cross a smaller bridge up the river to go past Llyn Brianne and down the Devils Staircase. There we were chatting, laughing and generally having a good time, so much so that we missed the bridge.

Dad was getting uneasy but Mum was having a great time just being somewhere she had never been before. "I think we're going the wrong way," says Dad. But on we went – this was fun!

After a bit Dad was saying to me. "To get to Llandrindod the sun should be behind us, don't you think?" I had to concede defeat and turn back. Mum would have been happy to just keep on going. We found the bridge, how could we possibly have missed it? We had good views of Llyn Brianne, went carefully down the Devils Staircase and reached Llandrindod in time for tea.

The following day I distracted Mum while Dad put the cases in the car and later, we went for a drive, a drive much longer than she was expecting but she enjoyed every minute. She was full of smiles when we reached Huw's place.

During their European Tours period they found themselves in Rome, the mind boggles as to how they got there and how Dad coped with Rome's traffic. They had been on a day out and returned to the square where they normally parked their car. People were circling around them and talking excitedly. Not a word could they understand so they ignored them and went into their hotel. They had a nice meal and went to bed, no doubt exhausted after a busy day. Imagine their surprise on looking out of their window in the morning. Their car was in the middle of a busy market! They told the story many times with Mum giggling happily each time!

Finances were tight in Saundersfoot with four hungry children to feed. As the tourist industry was beginning to flourish they decided to have a go at bed and breakfast. It started off slowly and gradually our rooms had to be vacated to make way for the guests. Rhian and I, and sometimes Nina the bulldog, slept in a tent in the field, Dewi and Huw in the dairy and Mum and Dad in the playroom. It was clearly a success and Mum decided to offer evening meals. She explored the recipe books for ideas for meals and they had to tested. This was no problem for Mum, she was a natural cook and we were all delighted to be her guinea pigs. Her rhubarb butterscotch tart was truly delicious. They must have done that for more than 20 years.

As the years drew on suspicions grew that she was suffering from dementia. I had started to take them shopping every Thursday and on the journey Mum would ask several times if we had the list. I never discussed this with Dad although once I caught his eye and I knew that he knew. He had started doing crossword puzzles with Mum as a way of exercising her mind and, while he was alive, I think his presence kept it from getting worse. Losing him was a great blow to her, she couldn't remember him dying and just couldn't work out where he was. It was all very sad. Many things that you could normally do to entertain her were not suitable at all. There was no point in reading a book to her because when you went back to it on the next visit she had forgotten everything. But she had a lovely sense of humour and an appreciation of the ridiculous.

springs to mind. Iola was the only person that I ever remember being animated and genuinely interested in talking about and looking at holiday photos of far-flung places that her children brought back later from their own trekking and adventures.

Iola suffered from macular degeneration of her eyesight which worsened as she aged. When she was no longer able to read she and Glyn used to play Scrabble, until that too became too difficult. She began to suffer from dementia, which could be managed while Glyn was alive, but after he died in his sleep on January 28th, 2009, things rapidly deteriorated. She was able to stay at home with help from carers, visits from the family and with the support of very kind neighbours, until inevitably it was no longer possible. She came to a care home in Swansea where Rob, Dewi and I lived. She died in her sleep on September 12th, 2014 at Three Cliffs Care Home, overlooking the sea to the south and with Cefn Bryn behind to the north.

She was a liberal, and believed in equality, including for women, and was proud to be Welsh. She had a strong faith, got on well with people of all backgrounds equally, was concerned for the welfare of others and always just 'got on with the job'. Her family was very important to her and she was energetically involved with all of the age groups. All the grandchildren and great grandchildren have stories and happy memories of her.
** Tip It Following Iola's funeral, some of the family went to a pub in the evening. We were all a bit sombre, and sad talking of Iola. Someone suggested playing Tip It. It was the best thing we could have done – it was as hilarious as ever. She was there playing with us. I hope it lifted her spirits as much as it lifted ours. It was a fitting send off for a wonderful woman.

Robin Remembers

Mum and Dad's romance started at a dance in Dolgellau, they danced together all night. It didn't go unnoticed, the following morning a friend of hers said: "You enjoyed yourself last night, you danced all night with the curate!" to which Mum replied "What's a curate?"

"She was the only girl I ever wanted," said Dad.

Dad would go round to call for her at Siop Newydd and they would make a circular walk round the back streets, no doubt including Love Lane. Taid would be waiting for them by the door – just to make sure she got home safely!

There was quite a difference between Mum and Dad. Dad was steady and more serious whereas Mum was in her element when there was the chance of adventure, this created a nice balance. This is perfectly illustrated in the following story.

Mum's birthday was approaching and arrangements had been made for a celebration at Huw's place at Llandyrnog. This was all in secret and Mum and Dad were going to stay with me in Llandrindod, Dad was in on the secret.

I went down to St Florence and stayed the night with them and the following morning their bags were loaded into the car and off we set. The weather was really good and I thought that it would be pleasant to do some exploring on the way. Rather than next corner, to see what's the other side'. She was interested in everything, especially people, plants and wildlife. A couple of times Glyn arranged 'exchanges' with other clergymen for two or three weeks as a 'holiday' to Chard in Somerset, and the Wirral. By then he had bought a Hillman Imp, so we explored by car – visiting churches mostly (in my memory). But Iola and we children had the local beaches and footpaths to enjoy all the year round. When her grandchildren in their turn visited each summer in Saundersfoot she continued to enjoy these activities with just the same vigour and enthusiasm.

The children left home one by one – I went to teach, first in Keynsham, then coincidentally at St Ursula's in Bristol, where Auntie Beryl had also taught. Rob started work in the National Provincial Bank in Tenby, then moved to the car works in Longbridge, Birmingham, before setting up his own printing business. Dewi studied architecture and soon after joined an architectural practice in Nigeria for five years, then set up his own practice in Swansea on his return. Huw became a town planner in Chesterfield, then came back to Wales to join Swansea City Council, before finally moving to work in Flintshire.

It was at this time that Iola and Glyn went on their most adventurous holiday – to Northern Nigeria to stay with Dewi for two weeks. He drove them around locally and a highlight was the Yankari Game Reserve where they saw big game – elephants, being the favourites. They were able to wander freely and talk to the local people. Iola must have been in her element, she was fascinated by the women's hair styles and wanted them to show her how they did them. They had a week in Tunisia on their way back.

All the children married and had children – a total of 10 grandchildren, and regularly went to visit and/or stay with Iola and Glyn in Saundersfoot and later St Florence. Iola always had a full freezer – apple pies and cake were favourites. I am still full of admiration. There were lots of walks, picnics and games (indoor and out). Iola was an expert on them – the usual beach ones of course, croquet on the lawn in Saundersfoot, indoor ones – dressing up, quizzes, cards, but best of all Tip It,** which must have originated in Dolgellau.

Glyn retired in 1980 after 25 years in Saundersfoot, and he and Iola moved to a bungalow in St Florence. It was modern and had central heating, a garden big enough for vegetables and a greenhouse. Iola and Glyn spent a long and happy retirement there. They had time to enjoy the local activities such as fetes, flower festivals, events in the village hall, the luncheon club, and of course the church was nearby. For several years they went swimming in the baths in Tenby, and in the sea in summer. They walked regularly too. Iola had some memorable walks with one or more of the children/grandchildren. They sometimes ended in quagmires, brambles, floods (to wade through with shoes off) or simply no signs – so they'd be 'lost'!

At this time they were able to travel. Both loved their holidays. Glyn driving in France on a tour of famous French cathedrals, trips to Italy and the then Yugoslavia. They took coach trips to Europe and within Britain mostly with local companies – 'Jones of Login' and very cold. It was haunted, according to Glyn's sister Min (Myfanwy). The kitchen was the one warm room with an old-fashioned range and old piano, adjoining the scullery that led out to the walled 'cowt' (yard) and the wash house beyond.

One of the first significant things my father bought was a washing machine which must have been invaluable. There were outbuildings at the back, that were used for a hilarious foray into fattening pigs. There was always a cat, and chickens, fairly briefly a dog, and, one year, geese – one year was enough. There was a large walled kitchen garden where Glyn spent a good deal of time keeping bees and growing fruit and vegetables. He also supplemented the diet by shooting rabbits, pigeons and even rooks once, that had a colony over the graveyard (not very palatable).

The church was next door and was the final resting place for many of the victims of the wreck of The Royal Charter which sank off Moelfre in a violent storm on October 26th, 1859. One of the cannons from the ship was raised and set in the rectory grounds. It's still there. This was a favourite for all children to play on and for putting bangers in on Bonfire Night. We have happy memories of Mum meeting us at the school gate with a pushchair and a picnic in the summer and heading to Traeth Bychan.

All the sons were born in the rectory – Robin, December 15th, 1945, Dewi April 14th, 1947 and Huw, March 16th, 1950. Iola brought the family up in hard times, with energy and resourcefulness. We all helped to supplement the income by picking snowdrops, and bunching them with ivy leaves to be sent to Liverpool to be sold on the streets. Honey was sold, and there were seasonal foraging trips for mushrooms, blackberries, nuts, watercress, shrimps and winkles, as well as firewood. Foraging trips were probably instigated by Iola because they were a feature of life in Dolgellau too (chestnuts and 'llys'– whinberries). I imagine all the grandchildren remember those walks to Llanfachreth and Precipice Walk, each with a home-made bag and stick.

In February 1954, the family moved to the Vicarage in Saundersfoot, Pembrokeshire, another big house but not quite as cold and more easily manageable. Again there was a big kitchen garden and again we were near the sea.

It was a very different parish – English speaking, with parishioners like Lord and Lady Merthyr, and retirees such as an admiral's widow, and army personnel, not originally local. Huw was only four and could not speak English. No one at the school spoke Welsh so it was decided to speak English at home resulting in both Dewi and Huw losing their Welsh. We all regret that now. Iola had to be a more visible 'vicar's wife', being involved in the Mother's Union, WI, flower rota, and all sorts of other activities.

Glyn being rather a Victorian (old fashioned) father figure, day to day family life revolved around Iola and the kitchen – she brought us up. She was an excellent cook, needlewoman, flower arranger and craftswoman in general. She and Glyn used to design and make kneeler covers for the church. Iola enjoyed gardening too and was in charge of 'the flowers'.

Holidays would be Dolgellau in the summer, and sometimes Penrallt (Nanw's) at Easter. Iola loved exploring – 'Let's just go to the top of the hill/ to the point/ round the

She was active all her life, loved cycling too, but the latter more or less ceased on starting a family, to her great regret when she was older. She loved swimming too, especially in the sea when there were big waves, and she continued to go on occasion, with anyone who was prepared to go with her, well into her eighties. The knee, by then, was painful and bothered her a lot, with only painkillers as a respite.

During the time the children were growing up the family lived at Siop Newydd, a tall house at the top of Eldon Square with the shop, an integral part. It sold mostly wallpaper, paint and some household items. It had a basement, where the kitchen was and where they normally ate. There was a big fireplace, and big Windsor chair which was Taid's. He was in the voluntary fire brigade and his helmet and jacket were always at the ready on the back of the kitchen door. His station took part in competitions with others in the area, and they often won. There were enough silver medals for all the girls to inherit one, and some to spare. All the girls did their share of the housework and in the shop too as they grew older.

While Iola was still at school, my father, Glyn, noticed her apparently while passing the school playing fields – playing hockey it seems. At some point later, there followed secret meetings and walks on the footpath above the town. My father was the church curate, and the family were staunch chapel, so I suppose that was one reason for the secrecy.

When she left school, Iola went to Bangor Normal College to train as a teacher. It was war time and so it may be that she had no choice of location because for her first job she ended up in the Jewish East End of London. The change must have been huge to be thrown into the turmoil of bombing and blackout, but it would have been a significant cultural change too.

However, within two or three weeks the school was evacuated to Ely in Cambridgeshire. The children, particularly the boys, were difficult to deal with, and the move scarcely helped because the children were out of their city environment and living with strangers. There was constant change with some children returning to London and new ones turning up and no 'proper' school building. Iola did not take to teaching.

Iola returned to Dolgellau at the end of the school year and married Glyn Evans in July 1941. Glyn was the youngest of 11 children, five boys and six girls (one girl died at the age of 21 months) from Bethesda in Caernarvonshire. He was the only one that went to university, two emigrated to America, and his father and at least two brothers worked in the Penrhyn slate quarries.

Glyn had by then become curate in Llanfairfechan. The couple lived in a tall house where the landlady also lived. After I was born on July 24th, 1942 the landlady complained constantly that the baby was crying. This caused so much misery that the baby was sent to Siop Newydd, Dolgellau to be looked after by Nain for several weeks. The landlady apparently had always wanted a daughter.

I was reunited with them probably when Glyn became the rector of Llanallgo and Llaneugrad, Anglesey. The rectory was very large – three storeys with a creepy cellar,

Iola

Born: Auguust 14, 1919, Victoria House, Dolgellau
Died: 2014, Swansea
Married: Glyn Evans
Children: Rhian, Robin, Dewi, Huw

Rhian remembers...

Iola was the sixth daughter, the first of the youngest group of three, with a five- year gap between her and Lottie, number five. Because of the age gap, the three (Iola, Hilda and Beryl) were a distinct group.

Iola was born on August 14th, 1919 in Dolgellau. We assume she, and the other girls, went to the local primary school but Dr Williams' School For Girls was the one they all always talked and reminisced about. Her favourite subject seemed to be PE and netball in particular, even though she had a bad accident while playing it, which required surgery. She also liked needlework, and used to say, when cutting fabric, that her teacher was always saying - 'l o n g snips'. She studied Welsh, but regretted that for some reason she hadn't been able to learn French at school.

She was a great walker. There's plenty of good walking around Dolgellau. There was always at least an annual walk with family up Cader Idris, sometimes led by Uncl Pitar with his stout stick, but she also went with various sisters and friends. The scary return down Foxes Path was always mentioned, and they went once overnight on the longest day to see the dawn on the summit.

every other year.

Lottie's ashes are scattered by the stream at the bottom of the field at Penrallt. David's ashes were scattered there and by the distinctive rocky outcrop by the top gate to the farmhouse. Penrallt is a place where all the cousins have fond memories.

where she worked as a nurse. She also worked in the baby clinic in Rochdale, but spent the rest of her working life as Matron at Rochdale Grammar School for Girls in Greenhill.

In the late 1960s the Grammar School with a population of about 450 girls entered the comprehensive system and became Greenhill Upper School for boys and girls and the intake increased to 2,000. "She was the only one in the school who could control everybody," remembers Alan.

Other cousins remember Lottie as a kind, but strict auntie so Alan's words certainly ring true.

It's difficult to imagine a greater contrast from growing up in the family shop in Dolgellau to working as a nurse in the heavily industrialised urban north west of England during the War. The War was to play a significant part in Lottie's life.

She married Joseph Johnson Hollinshead in 1939 and had three children during the War. Maggie was born in 1947, two years after the ceasefire.

Joseph was called up and served in the Army. The experience had a terrible effect on him and he turned to drink. The couple separated in the early 50s when Maggie was about four, leaving Lottie as a single mother with four young children. They never divorced and Lottie was somehow able to keep in touch with Joseph even though he was destitute. He died on a park bench in London, his home by then was a Salvation Army Hostel. David, Alan and Joe were the only people present at his funeral which was officiated by David, who was a Baptist minister. Joseph was cremated in Lewisham.

Despite these hardships, Lottie was able to provide a stable and happy home and continued her Baptist upbringing by taking the children to church every Sunday. Lottie was a great believer in the Co-Operative movement and the family always shopped at the Co-Op.

During the holidays the children stayed with Lottie's sisters particularly with Phil and Arthur (Maggie) while Alan and David stayed at Penrallt with Nanw and John and Joe was often in Dolgellau with Nain and Auntie May. They'd be put on a train at Rochdale and collected at Dolgellau or other nearby stations.

Maggie briefly lived with Phil and Arthur on their smallholding in Groeslon (a village near Llandwrog, south of Caernarfon) when she was recovering from whooping cough and went to school in the village where she became a fluent welsh speaker. There was talk of Phil and Arthur adopting Maggie, but it never happened.

Likewise, Alan's first school was in the village of Croesor below Penrallt which he attended at the age of five because he was unable to stay in Rochdale, possibly because of an outbreak of scarlet fever in the north west of England. Alan too learned to speak welsh while in school, but neither Maggie nor Alan can remember the language now.

Lottie had a great love of gardening which has clearly been inherited by Maggie, who emigrated to Australia in 1975 and is chair of the Flower and Garden Society in the small town of Nannup in Western Australia where they live. Husband Bob writes and appears on radio shows about gardening.

Lottie regularly visited Maggie and Bob in Australia spending three months there

Left: Baby Lottie with Doris.

Lottie

Born: August 8, 1914, Victoria House, Dolgellau
Died: February 10, 1994 Rochdale
Married: Joseph Johnson Hollinshead, 1939
Children: Alan, David, Joseph, Maggie

Maggie and Alan remember...

Lottie was born in the year of the outbreak of the First World War and married in the year of the outbreak of the Second World War. Three of her four children were born during the war.

Briefly, she was the baby of the family because there was a five-year gap between Lottie and Iola before Hilda and Beryl came along at the regular two year intervals between the births of the Siop Newydd Girls. It is assumed that Nain had a miscarriage or lost the child at birth between Lottie and Iola.

After growing up in Siop Newydd and attending Dr Williams' School For Girls, Lottie moved to Chester to train as a district nurse and started work in Sparrow Hill, Rochdale where she cycled on her rounds wearing her distinctive district nurse white coat.

When Lottie was upgraded from her bicycle to a car, she became one of the first women in Rochdale to drive a car. Her daughter Maggie remembers accompanying her on her rounds occasionally: "She would park wherever she wanted and say that her white coat meant she would never get into trouble," remembers Maggie.

Lottie's career then took her to the Eagle Mill Cotton Mill in Lowerplace, Rochdale

I don't know how she met Arthur from Wrexham, though there were family links in Wrexham. I ran into the sitting room once and she and Arthur were sitting close to each other on the settee. I couldn't have been very old, maybe eight, but it did feel 'private' and I turned and ran out of the room. I heard they'd got married soon after. Arthur was a widower and Doris took on the upbringing of his two children Gwyn and Ann. We only met up with her about twice after that.

There's a photo of Ann and myself outside in the back by the greenhouse dressed up in the May Queen clothes from the attic. We only met two or three times.

Richard remembers...

Doris was the sister we saw the least of when I was growing up. I can't remember her and Arthur visiting us in Daventry Road, Banbury or Sweets Road in Bristol, though she did stay with Beryl after the death of Arthur Thomas. She was recovering from shingles and sometimes was in a wheelchair. Her and Beryl enjoyed going to the Slimbridge Wildfowl and Wetlands Trust in Gloucestershire.

Slimbridge was set up by Peter Scott, son of Antarctic explorer Captain Scott, and is a wonderful haven for migrating wildfowl, birds and all sorts of other wildlife which ties in with Rhian's memories of Doris being a great nature lover – I think all the Siop Newydd Girls were. Slimbridge also had the advantage of having flat walkways making it accessible to wheelchair users before there was any real expectation that all public paces should be designed with wheelchair users in mind.

But my fondest memories of Doris and Arthur are all about fishing.

We visited Dolgellau for our summer holiday every year and our allotted week at Plas Canol was immediately after Doris and Arthur's slot. So sometimes they were still there if we arrived early and we would have lunch or tea together.

But far more importantly than that, on a couple of occasions they took me fishing – once to the Wnion and once to one of the lakes. Doris and Arthur were great anglers. We caught eels and Doris knew how to skin them so Auntie May cooked eels for tea. I'll always remember sitting at the big table in Plas Canol with a small plate of chopped up eel (we didn't catch many) with the eels twitching as they cooled down on the plate.

We visited Doris and Arthur in Ruabon Road, Wrexham and I think we also called in on a more elderly relative. I remember the houses being red brick. The house in Ruabon Road I remember being quite small and dark. I thought that was odd for someone who enjoyed being outdoors as much as Doris did.

Doris

Born: November 11, 1911, Victoria House, Dolgellau
Died: 1990, Wrexham
Married: Arthur Thomas
Step children: Gwyn, Ann

Rhian remembers…

I can't remember much about Doris. She was perhaps the main housekeeper in Siop Newydd. Nain mostly dealt with the shop, and I seem to remember when we all came to stay Doris didn't have much spare time to be with us. My real main memory of her is her smile. Her eyes and whole face lit up and crinkled up into the smile, and she had an infectious giggle too. She was very tolerant and kind to us.

I think she was the main cook in Siop Newydd, and the baker. Her 'piece de resistance' was the 'Doris Cake'. Not really a cake, but a tray bake. It had a pastry base, then a layer of jam (apricot or raspberry) and then a squidgy oaty almond-flavoured top layer. It was the best item of any picnic. Iola had acquired the recipe because it was a favourite at home in our family too (always called Doris Cake).

She loved going for walks with us especially if we were going to pick something – chestnuts, blackberries, whinberrries or mushrooms. She'd hand out homemade shoulder bags to each of us to put things in and we all had to have a stick too – and not lose it. They were proper expeditions and everyone would go. Sometimes a really big gang of us.

She was very fit and enjoyed the outdoors. Apparently when she was working as a teacher in Dinas Mawddwy she walked through heavy snow over the Bwlch because the roads were too dangerous for cars and buses.

flowers. She would pick samples of ones she didn't already know, and they would be dissected and carefully identified. She also pressed examples. She was interested in the natural world in general and would identify other things too such as shells, birds, toadstools and other things we came across on walks. She was meticulous and methodical in recording her discoveries.

May enjoyed her holidays going to many places in Europe. The one that made the biggest impression on her and was the trip to Oberammagau with Nain.. She went several times to South Africa and Kenya with Phyllis and Arthur, and all her photos were sorted and stored. She was interested in family history so she is perhaps the real instigator of this project.

She took me with her over two days when I was a young adult to the library in Dolgellau. She had already found out a lot of information – but not who Taid's father was, which is what all the girls had wanted to know I imagine. In those days the information was on microfiche – it was data from the various census returns that we looked at. It was small print, hard to read, and there was only one copy of each census, so sometimes the one she was working on was being used by someone else. I really enjoyed working with her. We sat side-by-side finding some small bit of information now and then, and it was gloomy and raining outside.

She had found that Nain's mother (also Jane) was born in 1852 on a farm called Glan-Llyn-y-Forwyn, in the parish of Llanddwywe-Uwch-Y-Graig. It intrigued May, and she went with Iola on a real expedition to find the farm. It was a long way up a lane between Llanelltyd and Bontddu, then a track and up towards the top of Mynydd Glan-llyn-y-forwyn. The track ran out but they did find the ruins of the farm.

She lived with Nain in Plas Canol and looked after her till Nain died aged 100.

Richard remembers...

We saw Auntie May at least once a year when we spent a week every summer visiting her and Nain in Plas Canol. After Nain died, May used to spend Christmas with us in Bristol – we always went to the Marshfield Mummers on Boxing Day.

She'd travel to Bristol on the Cambrian Express bus which she caught just a few yards from Plas Canol in the Square. Gwylan would meet her at Cardiff bus station and she'd get the train to Bristol where one of us would pick her up at Temple Meads or Parkway.

I have so many fond memories of May and Plas Canol – we all went to see *The Sound Of Music* at the Plaza in Dolgellau when it came out in 1965. We always visited Barmouth and Auntie May made tomato sandwiches which sometimes got soggy if it was a particularly warm day. It's strange how these small details stay with you.

May seemed quite strict to me (she was a teacher) but like all the sisters, she was kind and adventurous. She enjoyed foreign holidays and I'm sure she visited the Welsh-speaking community in Patagonia – quite a journey from Dolgellau.

She played the piano/organ at Capel Judah and was a Deacon.

May (back) with Iola, Lottie and Doris.

May

Born: May 3, 1910, Plas Canol, Dolgellau
Died: 2002: Bangor, Gwynedd
Married: Unmarried
Children: None

Rhian remembers…

May was the third daughter and was born in May. She went to Dr Williams' of course, then to Bangor Normal College to train to teach primary age children.

She found she didn't enjoy teaching and wanted to work in a bank. I don't know why she wasn't able to. She taught all her working life. She didn't get married, though she had several offers I was told.

Nain said that it was because there was no one like Edward who she had been engaged to. I am almost sure that he was killed in the War. I stayed with May in her later years for a few days and one night I woke and heard her crying out for Edward in her sleep. It upset me a lot – and still does really.

Shortly before I started school, we were in Dolgellau and someone must have suggested that I spend a day in (Llwyngwril?) school with May. I'm pretty sure it was a rainy day, but certainly my memory is of sitting under the big easel blackboard with 'big' boys tearing around the room – I suppose that was 'playtime'. When I actually went to school in Llanallgo a few weeks later I was dragged in kicking and screaming.

May was a great walker and she was very interested in plants, especially wild

overhearing conversations between Nain and auntie Nanw about 'PGs', which I later learnt meant 'Paying Guests'.

Life was hard at Penrallt and I remember that Auntie Nanw was very pleased with the comparative luxury of the bungalow she retired to in Llanfrothen. She was a highly thought of, kind, smiling person who never complained about life's challenges.

plastic holder with a handle into which Nanw would put all the small bits of soap that she would then shake vigorously in the sink instead of washing up liquid.

The image of Nanw which stays in my mind is of a stocky and strong woman with a shock of grey hair, a round weathered red face and those big welcoming arms that would give you such a big hug.

It was great that as a child I could have so much fun with seemingly next to nothing as you played on the hill, over the fields and in the stream, watching the cows being milked by hand and the sheep being expertly moved by Uncle John and Fly (his best sheep dog).

Nanw always offered a cooked breakfast with a lot of fat poured on from the bacon which no doubt would help keep the cold out of John in the winter. Evenings seemed to come early at Penrallt as the living room was naturally dark even without electricity. I didn't realise it then but it seemed to heighten your senses. John would sit in his chair smoking his pipe, quietly looking at the fire and it would hiss as he spat into it. Nanw would be in the cool stone flagged pantry making butter and the smell would drift through. We would sometimes at Christmas get a pack from her and as soon it was unwrapped it would release that lovely smell that would take me back to Penrallt.

I never forget when Nanw asked John to get one of the cockerels for dinner. I felt that they were doing something special giving up that bird for us to eat! The way Nanw cut bread also amazed me. She would cradle the loaf in her left arm and then cut it upwards to the middle and take the thinnest slice of bread I had ever seen. She would then turn the loaf round to cut another slice to the middle which would be the exact width of the first slice. That was some skill.

Nanw would sometimes walk me to Tan y Bwlch where we would get on the Ffestiniog railway to Portmadog and the shops. We would then get the train home and the two and a half mile walk from the station to Penrallt seemed to take for ever.

Thank you for those treasured memories Nanw.

Gwylan remembers...

Holidays in Penrallt were a real adventure. The two back bedrooms had a small window each, through which you could step out straight onto the steep mountain-side. The 'en-suite' facilities consisted of a curtain across the corner of the bedroom with an enamel bucket (with lid) behind it.

Auntie Nanw would put a large jug of hot water outside the bedroom door every morning and there was a matching china bowl on the washstand in the bedroom for my morning wash. There was no bathroom in the house.

I remember helping auntie Nanw make llaeth enwyn (buttermilk) and to pat butter, in the cold, dark dairy in the back of the house.

Uncle John loved sugar sandwiches! I remember that they were lovely, although their best ingredients was, in fact, Auntie Nanw's butter.

I think the visitors were an important source of income to them. I can recall

The philosopher Bertrand Russell was a friend of Clough Williams-Ellis and apparently stayed occasionally at a nearby farm. I wonder if he bumped into Nanw and John on the mountain. Or perhaps he called into Penrallt for tea and Welsh cakes.

Years after Nanw died, I took Hilda and Beryl to Penrallt. The people living there welcomed us. They said that for some years after Nanw left an old woman walking the mountain and regularly called at the farm and asked for tea and Welsh cakes. They always obliged.

Uncle John took us to the sheepdog trials once and I remember being mesmerised as he whistled and called his dogs in Welsh to herd the sheep. It was about this time he appeared with his dogs in a TV advert. I think it was for Pedigree Chum. Or was it Winalot?

I seem to remember the dogs were called Glen, Ben and Fan (or Fly). John told me not to go near them because they would bite me, but I did and one of them did bite me. I think it was Glen.

When John died, the dogs ran away and one of his relatives (Mog) organised local farmers to search for them They found the dogs which was a relief because (apart from anything else) they were worth a lot of money (I seem to remember £200 each).

Nanw once sent me and Dafydd hand-knitted mittens for Christmas with a ten bob note inside. The mittens were warm but when they got wet they absorbed the water and were freezing.

Beryl nursed Nanw towards the end of her life and I took her to the bungalow in Llanfrothen a couple of times. There is a manor house in Llanfrothen and Nanw had a connection to it. I think it may have been where she cared for Megan Lloyd George.

Alan remembers...

The first school I went to was Croesor when I was five years old. I couldn't come back to Rochdale for some reason. Perhaps because of an outbreak of scarlet fever. Uncle John had no English at all and very few people in Croesor spoke English.

Uncle John used to have a shave every Sunday, but he only ever had one razor blade. He used to put it in a jam jar and shake it from side to side to sharpen it.

The stream at the bottom of the field had a lot of trout in it and Uncle John showed me how to kneel on a rock and put your hand in the water, tickle the trout and pull them out.

Huw remembers...

Many summer holidays were spent at Penrallt with Nanw and John. They were truly special times and I was lucky to experience a way of life and era that changed rapidly since then. I always realised that life there was hard but that did not prevent them being so generous with what they had. No-one could forget the cold water in the jug and basin in the bedroom which had to be carried in from the single small pipe that came directly out of the hill, nor the newspapers cut into squares in the ty bach. Then there was the

Richard remembers...

Nanw trained as a nurse and went to a college in Birkenhead, although there is a picture of her in her nurse's uniform from a studio in Burnley so perhaps she studied there as well. It was an unhappy time because one of the matrons bullied her because she was Welsh. Beryl said that Nanw had to leave because she was treated so badly, so it's not clear where she completed her training.

She worked as a health visitor and midwife around Penrhyndeudraeth. It was said that she nursed Megan Lloyd George (David Lloyd George's daughter and an MP in her own right) towards the end of Megan's life.

Beryl said that Nanw and John's baby, Richard, died of meningitis. She said that Nanw told her that she sent John to the village three times though the snow to call the doctor because she knew the baby was seriously ill.

John came back without the doctor who refused to come up the mountain. When he eventually came, it was too late and the baby was dead. Beryl also recalled that she felt John blamed Nanw in part for the death.

Certainly John always struck me as a stubborn, solitary man. I remember him sitting in front of the fire, smoking his pipe and staring into the flames. He was a strict Baptist and I remember him being upset when we visited once with Nain and Auntie May and telling May that he had heard a Deacon swear.

He walked the mountains most days, often just him and his dogs, so he must have had plenty of time alone with his thoughts. He took me fishing once. It was a real surprise because he rarely paid much attention to us children, whereas Nanw doted on us all.

We spent a couple of hours casting a line into the stream at the bottom of the field hoping to hook a trout with his old bamboo rod. We didn't see a trout let alone catch one, but I will always remember that happy afternoon with Uncle John. When we left he gave me the fishing rod.

On another visit, the weather closed in so we had to stay the night. I remember the room I slept in at the back of the house seemed to be cut into the side of the mountain.

Once, I remember a knock at the door and a commotion during the late afternoon. It was a walker whose friend had fallen on the mountain and broken his leg. John and my father set off up the mountain and brought the man down. I was told that a helicopter had to land at the bottom of the field to take the walker to hospital.

Nanw sold scones and tea to walkers and there is a guestbook from 1952-1970 in which people also refer to staying on holiday for a week or more at Penrallt. Some of the entries include children's pictures with tents in them so maybe people camped in the field. I can't imagine where they could have stayed indoors.

Beryl said that one of the regular visitors was a young Valerie Singleton (the *Blue Peter* presenter). There is an entry in the guest book 'from Valerie' and a separate one from The Singletons, but who knows if it's *the* Valerie Singleton.

and the dogs in the morning round all the sheep looking for new lambs, which would be checked and injected, then marked. There were always orphan lambs which to our delight we could bottle feed.

Sometimes the sheep would have to be moved so then we'd go with the dogs around the fields or occasionally along the roads. There were chickens of course, and at least one cow, so there was milk every day, and also to make butter. That was hand churned – hard work. We used to have some sent for Christmas from Nanw.

Uncle John was an ace with sheep dogs. He had two, sometimes three, and they were always called Mog and Fly. He did well in sheep dog trials and he was featured with his dogs in a national advertisement on TV. He would go to the marts in Porthmadog smartly dressed, in his suit, shiny leather gaiters and hat. He knew everybody. If Nanw was with him she headed off to the Hall where the women were with pots of tea, bara brith and Welsh cakes.

It was undoubtably a very hard life, but we loved being there. There was a wonderful freedom to wander and run wild, to play in the stream and to attempt to climb Moelwyn Mawr. There were characters. Bob Owen was one, a well-known scholar who lived in a terraced house in Croesor stuffed with books and papers even in piles on the edges of the stairs. Then there was an English family, John Jones and his wife in the next farm (Voty, Hafodty originally I'm guessing). Both parents were doctors but had opted out and had chosen a very basic life for themselves and their children.

There were also the hikers who noticed the hand painted 'Teas' on a slate on the gate alongside the track. Nanw enjoyed making cakes and scones for them and enjoyed their company. Some came regularly and stayed for bed and breakfast.

Nanw was very kind, down to earth and resilient. She was resourceful – she had to be, but it seemed to me that she took pleasure in it. She enjoyed knitting and used proper old-fashioned Welsh wool. I think there were rag rugs as well.

John desperately wanted a son to continue with the farm. Eventually, they had a son, Richard John, but tragically he died when he was 11 months old of a sickness which could have been cured had the doctor not refused to see him.

Both Nanw and John were devastated and life must have been particularly hard after that.

John eventually died of cancer. Nanw could not manage the farm on her own, so all the sheep had to be sold and she had to leave. She was able to have a bungalow in Llanfrothen on the edge of Penrhyndeudraeth and at the end of the street. She confided with a grin on one visit that she could go out onto the hill through the back gate of her garden without anyone seeing her, and tramp out and wander on her own to her heart's content.

There was an occasion in Penrhyn where she parked on a No Parking area outside her doctor's because a fly had gone in her ear. She had an altercation with the policeman writing a ticket and told him "I had a fly in my ear!' but he would have none of it so she had to pay the fine. She died of cancer in 1990

Arianwen (Nanw)

Left: Nanw on her wedding day in 1945.
Above: With her son Richartd John who died aged 18 months in 1947.

Born: March 11, 1908, Plas Canol, Dolgellau
Died: 1990, Llanfrothen, Gwynedd
Married: John Roberts
Children: Richard John Roberts

Rhian remembers...

Everyone will have memories of Nanw (Arianwen), not just because of her lovely personality, but also because of where she spent her married life – on one of the highest sheep farms in Wales, Penrallt, above Croesor. It was a tenant farm belonging to Clough Williams-Ellis. I think probably all the cousins spent holidays there at some time or other.

Nanw trained as a nurse and became a Health Visitor around Penrhyndeudraeth. She met and married John Roberts, a sheep farmer. The farm was basic to say the least – slate floors, a proper drop toilet outside, no electricity, gas or telephone. The 'telephone' was a signal system – hanging various items on the clothes line that could be seen and 'read' way down in Croesor far below. Water was a pipe from a stream which brought in many surprises, like bits of tadpoles.

They did have an old car, but it was parked in a shed way down a steep part of the 'road', and the last part of the access was the walk straight up a steep field in which Jumbo the horse lived. He was the 'tractor' and was huge to us children.

We (Iola's children) usually went there at Easter time, so would go with Uncle John

must have been one of the first ones and was the size of an oven. It sat on top of a table in the conservatory. Arthur put in some plates and the whole thing shook and made a terrible noise, sending clouds of steam through the conservatory. Arthur was very proud of it, but we found the whole performance hilarious.

It was a terrible shock when he died just a few weeks before Auntie Phil passed away. His will took precedence because they died so close to one another and he left everything to a woman from South Africa.

Maggie and Alan remember...

Maggie: When we were growing up in Rochdale, we'd be sent to stay with the sisters in the holidays because mum (Lottie) was often working. Most school holidays, I would spend at Phil and Arthur's. I'd get put on the train when I was about eight or nine, sit on a box in the guard's van and somehow I'd get to Phil and Arthur's who had a pig farm at Groeslon near Caernarvon airport.

They also used to breed turkeys and I can remember at Christmas time I'd help pluck them.

They had a pony for me there. I remember Phil and Arthur always used to have bulldogs and once there was a parade through the village and I was dressed up as John Bull and went on my pony with the bulldog.

Auntie Phyllis used to work really hard. They built a dairy and had Jersey cows – I learned how to milk the cows – the milk was beautiful. We had an official opening of the dairy and me and Phil wore lampshades on our heads.

I used to go with them to the Royal Caernarvon Show. I had a white coat and I took the cows and pigs round. Arthur won a few awards for his animals, especially for his pigs.

Because Arthur was still a policemen when they had the farm, Phil was often on her own so me and Auntie Phil got very close.

When me and Bob decided to emigrate to Australia, Arthur wasn't happy at all. We only stayed in contact for a couple of years after that.

Alan: I was cured of wanting to ride a horse on that farm because Uncle Arthur had what he claimed was a young race horse. They put me on the back of it and it ran straight down the field and threw me over the fence.

Maggie: I used to go and help Phil in the shop in Gloucestershire. It was a country store, a really lovely shop. Then Bob started coming down as well. I remember Bob painted the house one time. Arthur was virtually retired by now and I remember he built a train set in his loft.

Phyllis worked hard, certainly with all the general housework, and was a good cook. She was always working on something. She was a very competent needlewoman – especially in embroidery, tatting and patchwork. She made a christening gown for me as a baby – made from wartime material, with beautiful smocking – which I still have. She did tatting too which was fascinating, especially because it was so fine and intricate. Did she belong to some women's' groups – WI? I'm pretty sure she would have.

Arthur was keen on cricket and belonged to the local cricket club in Groeslon, and Eckington later. Phyllis was always part of the 'ladies support' providing and serving the teas. She got on well with everyone and I think she really enjoyed being in a group with other women. She supported all his activities and clubs.

When Arthur retired they moved to Woodmancote and later Gotherington in Gloucestershire. Arthur had a boat on the Severn near Tewkesbury but I think it was rarely used. When I was doing my teacher training in Cheltenham (1960-63) I cycled several times to visit them. They had set up a village grocery shop – Phyllis served in it almost full time I think. I didn't see Phyllis much after 1963, but she was not well in later years. I don't know what she suffered from, but she wasn't able to get about easily.

They were relatively well off and Arthur died before her. In his will he left a token amount to the sisters – but nothing to Hilda or Iola, who had both married clergymen. I don't know what the reason for that was but it was to do with them marrying clergymen.

He left virtually everything to a woman in South Africa, who was charged with coming to Britain to look after Phyllis. But Phyllis died about six weeks later, before the woman came. Phyllis' will was virtually the same as Arthur's.

The other sisters managed to salvage some carpets for Hilda and Iola. Really, my memory is of a lovely person who had a rather domineering husband.

Richard remembers…

We saw quite a lot of Phil and Arthur when me and Dafydd were growing up in Banbury and Bristol. My first memory of visiting them is when they had a shop in Bishops Cleve. I think Arthur's sister Gwen worked there and perhaps lived with them.

Then they moved to Gotherington and finally to 'Ty Ni' ('Our House'), a bungalow with fine gardens in New Road, Eckington near Pershore.

Auntie Phil was lovely. She was a really warm person who seemed to find pleasure in everything she did despite being quite frail. We have one of her paintings of cacti on a broad window sill in Siop Newydd. She was clearly a talented artist and craftswoman.

My memory is that she met Arthur when he was a policeman in North Wales in the Porthmadog area. They moved to the Evesham area when Arthur took a job in security at GCHQ. Arthur was a keen photographer and I also remember he had a car with the personalised number plate WAR 1 (William Arthur Rowley 1).

I have to admit, I found Uncle Arthur somewhat pompous and will always remember when we visited Eckington and he proudly announced he'd bought a dishwasher. It

Phyllis

Born: September 1, 1906, Plas Canol, Dolgellau
Died: 1981, Eckington, Worcestershire
Married: William Arthur Rowley
Children: None

Rhian remembers...

The eldest and daintiest of the girls. I don't know anything about her life before the stories of boat trips on the Norfolk Broads, with William Arthur Rowley as 'Captain', complete with 'cap'. Where did he come from, and how did they meet? What was his job at that time? And did Phyllis ever train for any kind of work? I'm assuming the boats were hired and not always the same boat. How many trips were there? There are some photos. The trips were very popular and much enjoyed and talked about.

The earliest time I remember was when they lived in Groeslon and Arthur was a local policeman. My memory of him was that he was a bit of a show off – I was in the car with him one dark evening and he suddenly swerved and tore after a boy on a bike because he had no lights. The lad shot down a narrow sidetrack, so escaped.

They had bought a rundown smallholding Arthur was showing me round when he became ecstatic – he picked up a handful of dry soil and said 'Pure potash, pure potash!' He had big ideas but not enough time to carry all of them through. There was an open sort of cistern there - which he said could be a 'swimming pool'. He was a keen swimmer when he was younger at least. It was full of lovely newts – the first I'd ever seen.

Chapter 4

The Siop Newydd Girls

- **Auntie Phil** (Phyllis, 1906-1981) Married Arthur Rowley. No Children.
- **Auntie Nanw** (Arianwen, 1908-1990) Married John Roberts. Children: Richard John Roberts (1946-1947).
- **Auntie May** (May, 1910-2002)) Unmarried.
- **Auntie Doris** (Doris, 1911-1989) Married Arthur Thomas. Step children: Gwyn and Anne.
- **Auntie Lottie** (Lottie, 1914-1994) Married Joseph Hollinshead. Children: Alan, David, Joseph (1943-1991), Margaret.
- **Auntie Iola** (Iola, 1919-2014). Married Glyn Evans. Children: Rhian, Robin, Dewi, Huw.
- **Auntie Hilda** (Hilda, 1921-2019). Married Mihangel Williams. Children: Byron (1949-2008), Gwylan.
- **Auntie Beryl** (Beryl 1923-2019). Married Walford Jones. Children: Richard, Dafydd.

able to write with effort and difficulty, and she learnt verses with the help of friends, who also read to her.

Then she started learning Braille – she 'made the ribbons of dots into letters'. By the age of 85 she'd read John, Isaiah, the Acts, Matthew and Mark. She said that by reading slowly everything sank in better. Once she'd learnt the Braille alphabet she could read relatively quickly because she was so familiar with the material. When Talking Books was set up she had access to other 'reading'.

She had been going to Sunday School since she was four in Trawsfynydd where she was born, in Wrexham too, and in Dolgellau. Her first Sunday School was the one established by the stationmaster in Trawsfynydd when the line opened.

She has encouraged her sister Mrs Pierce Evans in Wrecsam to learn Braille. Mrs Evans was struck by a stone as a child and she became blind before reaching 18 years old. She can manage to do everything in the house very well but had never attempted Braille.

But now - at 70 years old, Mrs Evans is following her sister's example.

1921 and 1923.

Nain and Taid were both teetotal and deeply religious. We found more than 40 bibles when we cleared Plas Canol after Auntie May died in 2002.

It's not clear how Nain and Taid raised the money to buy Siop Newydd. They were from working class backgrounds with no inheritance.

However, cousin Gwylan recalls Auntie Hilda saying that 'Nain sent Taid to the bank to find out how their Goodlass Walls shares were doing and they were doing so well that they bought Siop Newydd.'

Goodlass Walls was a Liverpool paint manufacturer which was founded in 1845. In 1919, the company floated on the stock exchange and within a year business had increased by more than 100 per cent, according to *Grace's Guide to British Industrial History*.

Siop Newydd was the family home until Nain moved back to Plas Canol, presumably when she gave up the shop and rented the shop to Manweb (North Wales Electricity Board).

Nain, Jane Evans, was born on January 21, 1880 at 1 Islawrcoed in the village of Trawsfynydd, the third child of Evan and Jane Evans (nee Owens). Her sister Anne was four, Evan (known as Evie) was three. Her father's occupation is given as stonemason in the 1881 Census. In 1882, Great Western Railway opened a station at Trawsfynydd on the Bala to Blaenau Ffestiniog line. Many of the men in the village would have been employed in the surrounding slate quarries. The stationmaster also ran the Sunday School that Nain attended.

In the 1891 Census, the family were living at 7 Arenig Terrace in Bala and Evan's occupation is listed as insurance agent. By now Nain was 11 years old and the family consisted Evan and Jane (parents), Evan (13), Jane (11), Owen (8), Herbert (3). Anne had left home.

In February 1895, they had moved again, this time to 2 Albert Street in Wrexham. Nain must have left the family home by now because she isn't listed. The family at Albert Street consisted Evan and Jane, Owen (18), Herbert (10), Lillian (8), Ethel (6). Jane's 81-year-old mother Ann was also living with them in Wrexham. Evan's occupation is listed as stone waller/mason.

The family were still living in Albert Street according to the 1911 Census. Ann (Nain's Nain) had passed away and the occupants were Evan and Jane, Owen (28) an assistant gas engineer, Lillian (18, tailoress) and Ethel (16, draper's assistant). Evan's occupation is given as insurance agent.

Nain is listed as a domestic servant in Wrexham in the 1901 Census. In 1911 we find her in Dolgellau with husband Richard and children Phyllis (4), Arianwen (3) and May (infant). Their address is Plas Canol not Siop Newydd. They also lived in Victoria House before moving to Siop Newydd.

The following is from a newspaper report about Nain in 1952.

At the age of 72, when Mrs Jones was retiring, she lost most of her sight overnight. She was

Taid and Nain.

Taid and Nain. The girls had the picture mounted in a silver frame for Nain.

Taid (left) with one of his workers (Hughie?) in his painting and decorating business.

Hilda with Nain at Plas Canal.

Taid (far right) was a volunteer with the Dolgellau fire brigade.

Chapter 3
Nain and Taid

Jane Evans (1880-1980) and Richard Jones (1878-1946)

None of the cousins can remember Taid. Richard Jones died from a heart attack in Dolgellau in 1946 aged 67. Alan Hollinshead was six at the time and Rhian Evans was four. Alan has a very vague memory of being shown how to strip a piece of furniture, but thinks it was Nain rather than Taid who was with him.

So, although Richard Jones played a very big role in our lives, we know little about him as a person.

What we do know about Taid is that...

- He was born in 1878 in Dolgellau when the family lived in (we think, number 19) Upperfield Street.
- He never lived more than 100 yards away from his birthplace.
- He was the only male in the Siop Newydd family of nine women.
- He was a volunteer fireman, a Sunday School teacher, deacon and treasurer at Capel Judah.
- He ran a painting and decorating business and employed at least two other men.

According to the 1881 census two-year-old Richard Jones was living in Upperfield Street, Dolgellau with his nain (Lowrey/Laura Jones), mother (Mary Jones, 35) and sister (Lowrey/Laura, 12).

Upperfield Street is a crescent of cottages off Springfield Street about 50 yards from Plas Canol. Siop Newydd and Victoria House where Taid also lived are just a little further on.

He had one of the first cars in Dolgellau and was, presumably, a well-respected member of the community, running a successful business from a prominent position in Eldon Square and with his connections to the chapel and the fire brigade. The girls always described him as a quiet and kind man.

His sudden death was a terrible shock for the family.

Nain (Jane Jones) is a different matter. All the cousins have very strong memories of her. The older ones remember her as a strong, kind, active women with a good sense of humour.

The younger ones (Richard and Dafydd) only remember her after she had lost her sight and was becoming increasingly frail.

We don't know how Nain and Taid met, but we do know they were married on November 18th, 1905 at Capel Judah and that they had set up a business in Eldon Square – Siop Newydd (New Shop) a painting and decorating/hardware store between

OUR GREAT GRANDPARENTS 13

Evan Evans and Jane Evans (centre) with (from left) Taid (Richard Jones), Nain (Jane Jones), Auntie Floss, Dennis (cousin), Uncle Herbert (Nain's brother), Uncle Frank (married to Nain's sister Lil), Auntie Annie (Nain's sister), Glenys (cousin), Auntie Nell, Uncle Peter (married to Auntie Annie). Front: Auntie Ethel (Nain's sister), Gwyneth (cousin), Nora (cousin, Gwyneth's sister). Auntie Lil is on the right. We're not sure about the other children, but the one on the far right looks like Beryl or Hilda.

Evan Evans and Jane Evans.

Taid's mother Mary Jones.

Chapter 2
Our Great Grandparents

Evan Evans (1850-1937) and Jane Owens (1852-1933)
Nain's parents were Evan Evans (son of Evan Evans and Ann) and Jane (daughter of Owen Owens and Ann).

Evan and Jane met when they were living on neighbouring farms called Derlwyn and Glan-llyn-y-forwyn in the parish of Llanddwywe-Uwch-Y-Graig in the hills above Ganllwyd. They moved to 1 Islawrcoed in the village of Trawsfynydd where their daughter Jane (our Nain) was born in 1880.

The next stop was 7 Arenig Terrace in Bala (1891 census) and in 1895 the family moved to 2 Albert Street in Wrexham.

Jane died in Siop Newydd, Dolgellau in 1933. She had a fall and broke her hip while visiting or staying in Siop Newydd. She was housebound and lived in the upstairs room at Siop Newydd until her death in 1933. Some of the Siop Newydd girls remember taking her grapes and sitting with her. She enjoyed her vantage point overlooking the comings and goings in the Square.

Beryl remembers she had a favourite song which they sang together – 'Oh Dear What Can The Matter Be (Johnny's So Long At The Fair)'.

Jane's husband, Evan Evans, also died at Siop Newydd. He passed away in 1937, aged 87.

Mary Jones (1844-1924)
Taid's mother was Mary Jones (daughter of Richard and Lowrey). We don't know who Taid's father was. Mary was named after her grandmother. Taid (Richard Jones) was named after his grandfather and Laura (his sister) was named after her grandmother Lowrey/Laura.

Mary Jones was born in Llanfachreth in in 1884 and died in Dolgellau in 1924, so only the older Siop Newydd Girls would remember her. The family lived at 5 Tai Newyddion, but following the death of her father, Mary, her mother Lowrey and daughter Laura moved to Dolgellau were Taid (Richard Jones) was born.

According to the 1881 census, the family were living in Upperfield Street, Dolgellau. The household consisted of Lowrey (Taid's grandmother, 79), Mary (Taid's mother, 35), Laura (Taid's sister, 12) and Taid aged 2. Lowrey's occupation is given as a former general domestic servant. Mary is a general domestic servant.

Owen Owens (1814-?) and Ann (1818-?)

Nain's maternal grandfather was Owen Owens who was born in Dolgellau in 1814. We don't know if he was born in the town or in a neighbouring village. Owen married Ann who was from Llanrwst. We don't know Ann's maiden name.

The Owens family moved around. In the 1851 census they were living in St Anne Street, Birkenhead with their sons Griffith (5) and William (3). Their daughter Jane (Nain's mother) was born in Birkenhead in 1852. The family was living at 6 Bewsey Road, Warrington according to the 1861 census.

The 1871 census shows Owen Owens was a farmer of 370 acres in Glan-Llyn-y-Forwyn near Ganllwyd. Jane (nain Birkenhead) was living in Glan-Llyn-y-Forwyn aged 18 in 1871.

According to Auntie May's notes Owen Owens built the railway bridge between Maentwrog and Blaenau Ffestiniog.

Richard Jones (1808-1876) and Lowrey Jones (1802-1884)

It's important to establish at this early stage that we don't know who Taid's father was. It's a mystery. The identity of the father of Taid's sister, Laura, is also a mystery. It may or may not have been the same man.

So we only have one set of grandparents for Taid. On his mother's side, the grandparents were Richard Jones and Lowrey.

Taid's grandfather, Richard Jones, an agricultural labourer, was born in Llanfachreth in 1808 and died there in 1876, two years before Taid was born. He was a clochydd (bell ringer) in St Machreth Church, Llanfachreth which is directly behind the cottage at 5 Tai Newyddion where the family lived. At the time of his death, he was living with his wife Lowrey, daughter Mary (Taid's mother) and her daughter Laura/Lowrey (Taid's sister).

The names Laura and Lowrey seem to be interchangeable, but according to the baptism records, Taid's grandmother was called Lowrey.

In the 1851 census Richard and Lowrey were living at 5 Tai Newyddion with their six-year-old daughter Mary. Their lodger is a 28-year-old school teacher called Benjamin Jones.

Lowrey's occupation is not recorded, but in a later census her occupation is given as a 'former general domestic servant'. We think she was also a seamstress/dressmaker. Some of the family also recall that the women members of Taid's family were herbalists.

Chapter one
Our Great Great Grandparents

Evan Evans Snr (1799-1869) and Ann Roberts (1811-1888)

Nain's paternal grandfather was Evan Evans who was born in 1799 in Llanfachreth a few miles to the north of the town of Dolgellau and a similar distance to the south east of the village of Ganllwyd.

Evan Evans Snr married Ann (born in 1811, so Evan was 12 years her senior) in Llanfachreth on March 11th, 1831.

In her family history research, Auntie May wrote next to Ann's name Esgairwen, Llanfachreth. There is a holiday cottage in Llanfachreth called Esgair wen which is part of a 16th century farmhouse so perhaps this is where Ann Roberts' family lived.

The 1851 census shows Evan Evans Snr and Ann Roberts living on the hill farm Derlwyn in Llanddwywe-Uwch-Y-Graig to the west of Ganllwyd.

Evan died on January 27th 1869 and Ann passed away 19 years later on October 24th 1888. They are both buried in the village of Ganllwyd. The graves are to the left of the chapel in the second row.

The inscription on the headstone reads...

In memory of Evan Evans, Derlwyn, who died January 27 1869 at 70 years of age.

> *My wise Lord, and Father – called me*
> *To my cold humble bed*
> *In the Lord's time*
> *I will be resurrected.*   (Owen Arran)

Also Ann, his wife, who died October 24 1888 aged 77

> *A quiet soul in difficult times – exceptionally*
> *Loving always*
> *Her belief grew ever stronger*
> *And she was carried away on the wings of faith*

Introduction

This is the story of our Nain and Taid (Jane and Richard Jones) and their eight girls (our mothers) the Siop Newydd Girls – Phyllis, Nanw, May, Doris, Lottie, Iola, Hilda and Beryl.

When Beryl died on July 23, 2019, the last of the girls to pass away, she left a small amount of money. Enough to pay for the production of this book.

The book was produced by the surviving cousins – the sons and daughters of the Siop Newydd Girls. So when we say 'we' or 'our' we refer to the surviving cousins: Alan and Margaret (Lottie's children); Rhian, Robin, Dewi and Huw (Iola), Gwylan (Hilda); Richard and Dafydd (Beryl).

In this book we're going back as far as their great grandparents, our great great grandparents.

Turn the page to meet them...

Back from left: Lottie, May, Nanw, Phyllis, Doris. Front: Iola, Taid, Nain with Beryl, Hilda

Phyllis, Nanw, May, Doris, Lottie, Iola, Hilda, Beryl.

SECTION ONE:
PEOPLE

SECTION ONE: PEOPLE

Introduction — 9

1: Our Great Great grandparents
    Evan Evans and Ann Roberts — 10
    Owen Owens and Ann — 11
    Richard Jones and Lowrey — 11

2: Our Great Grandparents
    Evan Evans and Jane Owens — 12
    Mary Jones — 12

3: Our Grandparents
    Jane Evans (Nain) — 14
    Richard Jones (Taid) — 14

4: The Siop Newydd Girls
    Phyllis — 19
    Nanw — 22
    May — 28
    Doris — 31
    Lottie — 33
    Iola — 36
    Hilda — 44
    Beryl — 50

SECTION TWO: PLACES

1. In the beginning: Derlwyn and Glan-llyn-y-forwyn — 62
2. Llanfachreth. Islawrcoed, Bala, Wrexham — 66
3. Dolgellau — 71
4. Siop Newydd — 78
5. Plas Canol — 83
6. Dr Williams' School For Girls — 86
7. Cader Idris — 88
8. Barmouth, Fairbourne, Penmaenpool — 91
9. And Finally — 94

Dedicated to all the Siop Newydd Girls, Nain and Taid and our cousins who have passed away: Richard John Roberts, David Hollinshead, Joseph Hollinshead and Byron Williams.

Nain (Jane Jones) and Taid (Richard Jones) at Siop Newydd, Eldon Square Dolgellau, probably late 1920s.

THE SIOP NEWYDD GIRLS

RICHARD JONES

◁ Tangent Books

First published 2024 by Tangent Books,
31 Balmain Street
Bristol BS4 3DB
www.tangentbooks.co.uk
richard@tangentbooks.co.uk

ISBN 9781914345364

Authors: Richard Jones, Gwylan Williams, Rhian Evans, Robin Evans, Huw Evans, Alan Hollinshead, Margaret Hollinshead

Design: Joe Burt

Translation by Cymen Cyfyngedig

Copyright: Tangent Books. All rights reserved

The authors have asserted their rights under the Copyright, Designs and Patents Act of 1988 to be identified as the authors of this work. This book may not be reproduced or transmitted in any form or by any means without the prior written consent of the publisher, except by a reviewer who wishes to quote brief passages in connection with a review written in a newspaper or magazine or broadcast on television, radio or on the internet.

A CIP record of this book is available at the British Library and the National Library Wales.

Printed by Gomer Press, Llandysul, Ceredigion.

Printed on paper from a sustainable source

JANE EVANS FAMILY TREE

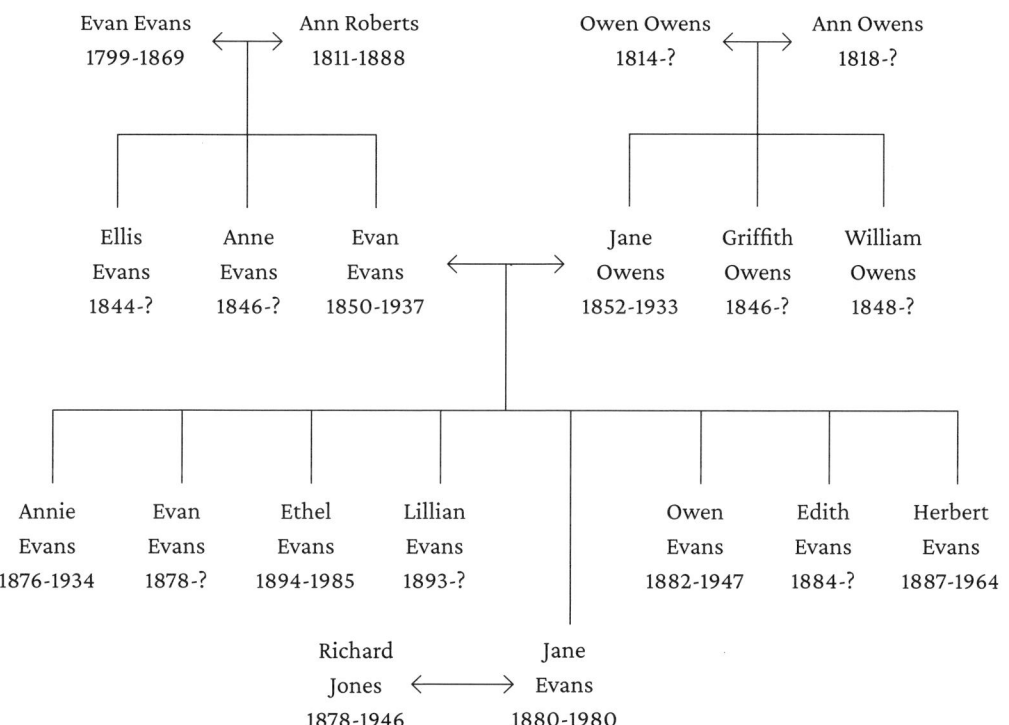

RICHARD & JANE JONES FAMILY TREE

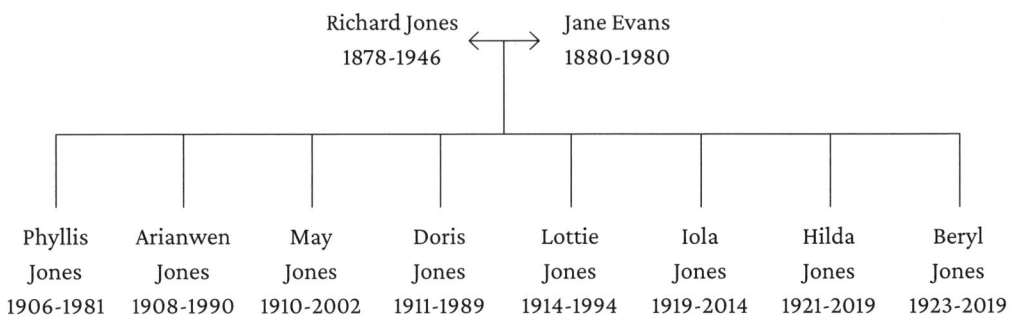

RICHARD JONES FAMILY TREE

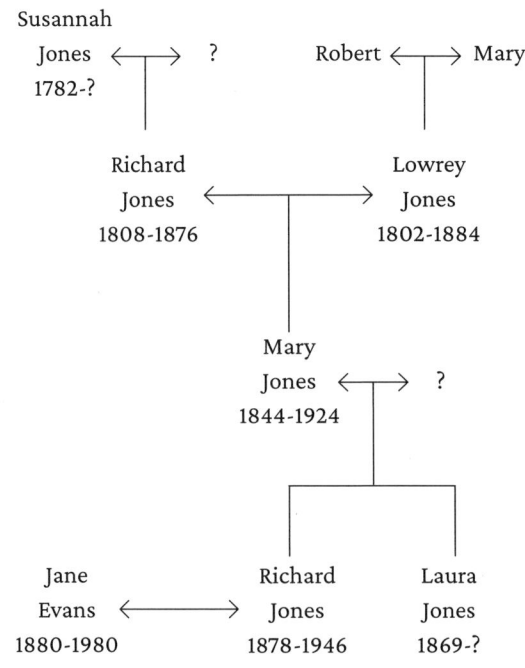